FACULTÉ DE DROIT DE BORDEAUX.

DE LA RÉVOCATION
DES ACTES PASSÉS PAR LE DÉBITEUR
EN FRAUDE DE SES CRÉANCIERS

(ACTION PAULIENNE)

THÈSE POUR LE DOCTORAT

Soutenue le 26 Juillet 1875

Par L. LAURENT
Avocat.

BORDEAUX
IMPRIMERIE ADRIEN BOUSSIN
RUE GOUVION, 20.

JUILLET 1875

DE LA RÉVOCATION

DES ACTES PASSÉS PAR LE DÉBITEUR

EN FRAUDE DE SES CRÉANCIERS

(ACTION PAULIENNE).

FACULTÉ DE DROIT DE BORDEAUX

MM. COURAUD ✻, Doyen, Officier de l'Instruction publique, Professeur de Droit romain, chargé du cours d'Économie politique.

BAUDRY-LACANTINERIE, Officier d'académie, Professeur de Droit civil.

RIBÉREAU, Officier d'académie, Professeur de Droit commercial.

SAIGNAT, Officier d'académie, Professeur de Droit civil.

BARCKHAUSEN, Professeur de Droit administratif.

DELOYNES, Officier d'académie, Professeur de Droit civil.

LANUSSE, Professeur de Droit romain.

VIGNEAUX, Professeur de procédure civile et de législation criminelle, chargé du cours d'Histoire du Droit.

LE COQ, Agrégé, chargé du cours de Droit maritime.

LEVILLAIN, Agrégé, chargé du cours de Droit criminel.

MARANDOUT, Agrégé, chargé du cours de Procédure civile.

GIDE, Agrégé, chargé du cours de Pandectes.

MM. RAVIER, Officier d'académie, Secrétaire Agent comptable.

GAULTIER, Secrétaire adjoint.

MORTET, Étudiant en Droit, Bibliothécaire.

COMMISSION DE LA THÈSE.

Président : M. SAIGNAT.

Suffragants : MM. VIGNEAUX.
LEVILLAIN.
MARANDOUT.
GIDE.

FACULTÉ DE DROIT DE BORDEAUX.

DE LA RÉVOCATION

DES ACTES PASSÉS PAR LE DÉBITEUR

EN FRAUDE DE SES CRÉANCIERS

(ACTION PAULIENNE)

THÈSE POUR LE DOCTORAT

Soutenue le 26 Juillet 1875

Par L. LAURENT

Avocat.

BORDEAUX

IMPRIMERIE ADRIEN BOUSSIN

RUE GOUVION, 20.

JUILLET 1875

BIBLIOGRAPHIE

DROIT ROMAIN

Ortolan. — Explication des Instituts de Justinien.
Demangeat. — Cours élémentaire de Droit romain. — Du fonds dotal.
Bonjean. — Traité des Actions.
Dineau. — Opera.
Cujas. — Opera.
Vinnius. — Institutes annotées.
Voët. — Ad Pandectas.
Pothier. — Ad Pandectas.
Mulhenbruch. — Doctrina Pandectarum.
Van Vetter. — Cours de Droit romain.
Maynz. — Cours de Droit romain.
De Savigny. — Droit romain.
Machelard. — Des Interdits.
Vainberg. — De la Faillite d'après le Droit romain.
Namur. — Institutes de Justinien.
Tambour. — Des voies d'exécution (1er volume).
M. Garsonnet. — Thèse pour le doctorat. Paris 1864.

ANCIEN DROIT FRANÇAIS

Lebrun. — Traités des successions.
Pothier. — Traité des obligations, — de la communauté, — des substitutions.
Domat. — Lois civiles.
Tambour. — Voies d'exécution (2e volume).

DROIT CIVIL

Chardon. — Traité du dol et de la fraude.
Capmas. — Des actes faits par le débiteur en fraude de ses créanciers.
Bédarride. — Traité du dol et de la fraude en matière civile et commerciale.
Demante et Colmet de Santerre, Tome Ve.
Demolombe. — Tomes XV et XXV.
Marcadé. — Explication du Droit civil.
Duranton. — Cours de droit civil (10e volume).
Toullier continué par Duvergier. Code civil.
Aubry et Rau. — Cours de Droit civil français (4e édition).
Larombière. — Traité théorique et pratique des obligations.
Dalloz. — Recueil alphabétique.
Proudhon. — De l'usufruit.
Mourlon. — Répétition écrite.
Fenet. — Travaux préparatoires du Code civil.
Revue critique. — Tomes III. (p. 857) IX (p. 480) XIV (p. 257).

DROIT COMMERCIAL

Rivière. — Répétitions écrites sur le Code de commerce.
Bravard-Verrières, Demangeat. — Droit commercial.
M. Ribéreau. — Notes du cours de droit commercial.

PROCÉDURE CIVILE

Boitard et Colmet d'Aage. — Leçons de procédure civile.

DROIT ROMAIN

Non alterum lædere.....
(*Ulpien*, lib. 1 *Regularum*).

Le principe en vertu duquel *quiconque s'oblige oblige le sien*, si simple qu'il nous paraisse, demeura longtemps inconnu chez les Romains. Primitivement, l'obligation mettait le débiteur dans une sorte de relation, de dépendance vis-à-vis du créancier. La chose, les écus, que le débiteur devait fournir n'étaient considérés qu'en sous-ordre.

Aussi, comme conséquence de ces principes, voyons-nous la personne physique du débiteur répondre de l'exécution de ses engagements. A part quelques cas fort rares, liés au droit public ou au droit religieux et dans lesquels la procédure était dirigée contre les biens (*pignoris capio*), c'était à la personne même du débiteur que les créanciers s'attaquaient. Après la *manus injectio* le débiteur était livré à la disposition de ses créanciers qui, s'ils n'étaient payés de ce qui leur était dû, pouvaient se livrer sur sa personne aux dernières rigueurs, le vendre comme esclave, le tuer même, et partager son cadavre s'ils étaient plusieurs.

Avec le temps, les mœurs s'adoucirent, les idées changèrent et le progrès se fit. Dans une société barbare chacun s'ingénie à affirmer ses droits et sa puissance de la manière la plus absolue qu'il est possible ; c'est ainsi qu'on égorge les prisonniers de guerre. L'idée de les asservir et de tirer un profit de leurs services avait été un premier pas vers la civilisation, l'esprit d'intérêt faisait taire l'esprit de vengeance. Ce fut un progrès de ce genre qui se réalisa, quand, laissant de côté la personne du débiteur, un intérêt bien entendu fit comprendre aux créanciers que c'était plutôt à ses biens qu'ils devaient s'en prendre. A cette ancienne procédure de la *manus injectio*, plus barbare qu'utile, le droit Prétorien substitua un mode d'exécution plus civilisé, en même temps que plus efficace, pour assurer aux créanciers le paiement de leurs créances ; ce fut de les envoyer en possession des biens du débiteur avec faculté de les faire vendre et de se payer sur le prix. Cette voie de contrainte était en quelque sorte calquée sur la *manus injectio* qu'elle était destinée à remplacer, mais avec cette différence, toutefois, que c'était l'universalité des biens du débiteur, au lieu de sa personne, qui en faisait l'objet. « La personnalité juridique, c'est-à-dire l'ensemble de tous les droits actifs et passifs qu'avait le débiteur, a pris la place de la personnalité physique : on applique à l'une ce qui dans l'action de la loi s'appliquait à l'autre (Ortolan, Institut. de Justin. t. 3).

Si les biens de leur débiteur étaient suffisants, les créanciers obtenaient le montant intégral de ce qui leur était dû, sinon ils partageaient au marc le franc et ne recevaient qu'un dividende proportionnel au chiffre de leur créance. Dans ce dernier cas se produisait un incident particulier si l'insuffisance du patrimoine du débiteur était imputable à sa mauvaise foi.

Le débiteur, en effet, par le seul fait de l'existence de sa dette, n'en conservait pas moins la libre disposition de son patrimoine ; tout acte relatif à cette administration était par lui valablement accompli, dussent ses créanciers en éprouver un sérieux préjudice. A cette grande liberté d'action, l'équité avait cependant imposé une limite, la mauvaise foi du débiteur. La fiction d'après laquelle il représente ses créanciers, devait en effet cesser quand il n'agissait plus que pour nuire à leurs droits et compromettre leurs intérêts. En l'acceptant pour débiteur, les créanciers n'ont en vue que sa position de fortune, et c'est parce qu'elle leur paraissait suffisante qu'ils ont consenti à contracter avec lui sans exiger de garantie spéciale. Ce serait donc tromper leur légitime attente que de détruire frauduleusement un patrimoine qui constitue leur gage. La position des créanciers était digne d'intérêt ; le droit civil d'abord par la loi *Ælia Sentia*, et le Préteur ensuite durent prendre en considération la position des intéressés et plusieurs voies de recours leur furent ouvertes contre les actes frauduleux qui porteraient atteinte à leurs droits.

Ces divers modes de recours furent successivement :

La loi *Ælia Sentia*,

L'interdit *fraudatoire*,

L'action *Paulienne*,

Et enfin les actions *Favienne* et *Calvisienne*.

C'est au développement de ces divers modes de recours, mais plus spécialement à l'action Paulienne que sera consacrée cette étude, sujet intéressant, qui étant purement théorique, a l'avantage d'être de toutes les époques et d'appartenir à toutes les législations.

PREMIÈRE PARTIE

Des divers modes de recours accordés aux Créanciers contre les actes passés par leur débiteur en fraude de leurs droits.

---

§ Ier.

DE LA LOI ÆLIA SENTIA

La loi Ælia Sentia fut, au dire de Suétone (1) portée sous le règne d'Auguste. Les fastes consulaires nous représentent Ælius Cato et Sentius Saturnius comme consuls en 757 (an V après J.-C),

(1) Auguste, Ch. XL.

nous pouvons alors placer en cette année la promulgation de cette loi.

Elle contenait quatre chefs relatifs aux affranchissements dont le nombre augmentait toujours et devenait un danger pour la République. Nous n'avons à nous occuper dans cette étude que de celle des dispositions qui prohibait les affranchissements en fraude des créanciers.

Les Romains regardaient la liberté comme irrévocable une fois qu'elle était acquise. Pour ne pas se mettre en opposition avec ce principe, la loi Ælia Sentia, au lieu de retirer la liberté à l'esclave dont l'affranchissement était entaché de fraude, déclarait que cette liberté ne lui avait jamais été acquise « *Lex Sentia impedit libertatem*. » Il ne faut pas cependant exagérer le principe : l'esclave jouissait au moins d'une liberté de fait tant que les intéressés n'avaient pas prouvé la nullité de l'affranchissement. Jusque-là l'esclave était *Statu liber*.

Cependant on avait dû faire une concession aux idées romaines et tempérer dans une certaine mesure les rigueurs du Droit civil. On regardait à Rome comme un profond déshonneur de mourir sans laisser d'héritier. Or, si le débiteur mourrait insolvable il courait bien des risques que personne ne voulût accepter sa succession, de sorte qu'à défaut d'héritier, les créanciers faisaient saisir et vendre ses biens sous son propre nom, ce qui le couvrait d'infamie. On permit alors, pour éviter ces tristes conséquences, l'institution d'un esclave qui devenait héritier et libre, mais sans pouvoir répudier l'hérédité à laquelle il était appelé. C'était sous son nom qu'étaient vendus les biens de son maître, lui épargnant ainsi, pour prix de sa liberté, le déshonneur résultant de cet état de faillite injurieux pour sa mémoire.

A quelles conditions était subordonné l'exercice de la loi Ælia Sentia? Les jurisconsultes de l'époque classique n'étaient pas d'accord sur cette question. Gaius n'exigeait qu'une seule condition : Il suffisait que l'affranchissement causât un préjudice aux créanciers; Julien se montrait plus exigeant: aux préjudice éprouvé devait se joindre l'intention frauduleuse du débiteur. Ce dernier avis prévalut, nous dit Justinen. C'est là en effet une application de ce principe général posé par Papinien dans la loi 79 *de Regulis juris* « *fraudis interpretatio semper in jure civili, non ex eventu duntaxat, sed ex consilio quoque desideratur.*

§ II

DE L'ACTION PAULIENNE

La loi civile ne s'appliquait qu'aux affranchissements, elle était alors insuffisante pour protéger d'une manière complète les droits des créanciers. C'était au préteur qu'il appartenait de généraliser les dispositions de la loi Ælia Sentia; une action spéciale créée par lui s'appliqua aux hypothèses les plus diverses où le débiteur cherchait à faire échapper son patrimoine à l'action de ses créanciers.

Cette action s'appelle l'action Paulienne. Ce nom, dont les interprètes modernes l'ont toujours désignée, ne se rencontre pas dans les textes du Digeste ou du Code relatifs à cette matière, mais seulement dans le § 4 de la loi 38 au Digeste *de Usuris* et dans la paraphrase des Institutes par Théophile.

Cette opinion d'après laquelle l'action Paulienne ne serait que le développement de la loi Ælia Sentia n'est point admise par tout le monde. On prétend qu'au contraire c'était le droit civil qui était venu compléter les dispositions du Préteur sur un point que celui-ci n'avait osé aborder.

Nous préférons cependant la première opinion comme plus conforme aux données que nous avons sur la marche de progression suivie par le droit *honoraire,* ainsi que sur ses rapports avec le droit civil. Le Préteur s'appliqua toujours à compléter, étendre, adoucir dans leur trop de rigueur les dispositions de la loi civile, les exemples du contraire sont fort rares. L'action, du reste, a une étendue beaucoup plus large que la loi, motif qui nous porte à croire que c'est cette dernière qui a donné l'idée de l'action Paulienne et non l'action Paulienne qui a inspiré la loi. *Jus prætorium est quod Prætores introduxerunt adjuvandi vel supplendi, vel corrigendi juris civilis gratia, propter utilitatem publicam* (1). Les termes de l'édit ont une portée très-large, *verba latè patent*, ils devaient comprendre les affranchissements comme tous les autres actes que le débiteur pouvait passer en fraude de ses créanciers. La loi Ælia Sentia eût alors été sur ce point complètement inutile.

(1) Papinien 7. D. de justitia et jure 1. 1.

Dans un système contraire, afin de prouver l'antériorité de l'action Paulienne, on s'appuie sur une lettre de Cicéron qui écrivait en ces termes à Atticus : *Cæcilius avunculus tuus, a P. Vario quum magna pecunia fraudaretur agere cœpit cum ejus fratre Caninio Satrio de iis rebus, quas cum dolo malo accepisse de Vario diceret. Una agebant cæteri creditores, in quibus erant Lucullus et P. Scipio et is quem putabant magistrum fore si bona venirent, L. Pontius.* Qu'on ne se refuse point, disent les partisans de ce système, à voir ici l'application de l'action Paulienne, pour prétendre qu'il s'agit simplement de l'action de dol, cet argument serait mal fondé. L'action de dol serait dirigée contre le débiteur lui-même, mais non contre celui qui s'est rendu le complice de sa fraude en recevant de lui la tradition de certains biens ; or, c'est précisément contre le tiers, Caninius Satrius, et non contre le débiteur P. Varius, que l'action est dirigée dans l'espèce rapportée par Cicéron. On n'y peut donc voir l'application d'une action de dol. — Mais on peut soutenir qu'il y a là une sorte de restitution *in integrum*, une action analogue à celle que l'on appelle aujourd'hui action en déclaration de simulation, sur laquelle nous aurons plus tard l'occasion de revenir (1).

Dans le système que nous combattons, la loi *Ælia Sentia* aurait eu encore son utilité après l'édit du Préteur ; malgré, en effet, les termes si

(1) M. Garsonnet. Thèse de doctorat. — Paris, 1864.

étendus de cet édit, ils ne s'appliquaient point aux affranchissements opérés *in fraudem creditorum* qui restèrent valables jusqu'au règne d'Auguste. L'action *in factum*, non plus que l'interdit, ne les concernaient; le Préteur n'eût point osé replonger en servitude un homme que le droit civil regardait comme libre, une disposition législative était nécessaire pour vaincre ses hésitations. — Nous répondrons à ce système que le Préteur n'hésitait pas tant à révoquer un affranchissement valable en droit civil, ce qui avait lieu notamment quand il accordait à l'enfant émancipé, omis dans le testament de son père, la *bonorum possessio contra tabulas*. — Le Préteur ne craignait donc pas quelquefois d'aller contre le droit civil, quelqu'inviolable que la liberté pût lui paraître. On nous répondra, il est vrai, qu'à cette époque la *bonorum possessio* n'était jamais donnée que *sine re* et aurait par conséquent respecté l'affranchissement; mais c'est ce qu'il faudrait démontrer et ce point est justement bien loin d'être parfaitement établi (1).

Nous aimons donc mieux, à défaut d'indications bien certaines d'où résulterait le contraire, penser que l'action Paulienne a suivi la loi Ælia Sentia et l'a complétée.

Souvenons-nous, enfin, que tant que dura le système des actions de la loi, les créanciers comptaient principalement sur le droit de contrainte qu'ils pouvaient exercer envers la personne du

(1) M. Demangeat (Cours de droit romain, page 105), discute cette question. Son opinion est contraire à celle que nous avons exprimée.

débiteur pour garantir leurs créances. — Leurs droits sur les biens du débiteur n'étaient encore qu'accessoires, et ce ne fut qu'après l'introduction de la procédure formulaire qu'ils songèrent à les faire valoir et leur donner de l'impòrtance; il avait été par conséquent inutile jusqu'à cette époque de porter remède à un mal qui n'existait pas encore ou n'existait qu'à peine. Qu'importait aux créanciers que le débiteur diminuât son patrimoine, c'était en première ligne sa personne qui répondait elle-même de ses engagements.

Enfin, reconnaissons, d'après l'ensemble des dispositions de la loi Ælia Sentia qu'elle était dictée plutôt par des considérations d'ordre public ou de politique, que par l'intérêt privé des créanciers.

§ III

DE L'INTERDIT FRAUDATOIRE

A côté de l'action Paulienne nous trouvons mentionné au Digeste un autre mode de recours accordé aux créanciers dont le débiteur a compromis les intérêts, c'est l'interdit fraudatoire dont le proœmium de la loi 10 à notre titre fait mention en ces termes : *Quæ Lucius Titius fraudandi causa sciente te in bonis, quibus de ea re agitur, fecit; ea illis si eo nomine, quo de agitur, actio ei ex edicto meo competere, esseve oportet, et si non plus quam annus est, cum de ea re, qua de agitur, experiundi potestas est, restituas.*

Quelle était l'utilité de l'interdit à côté de l'action

Paulienne? C'est là une question délicate, à la solution de laquelle les auteurs se sont épuisés jusqu'ici en efforts à peu près inutiles, vu le peu d'indications que nous possédons sur les interdits en général, et particulièrement sur l'interdit fraudatoire.

Pour triompher au moyen de l'interdit, soutiennent les partisans d'un premier système, il suffisait aux créanciers de démontrer que le débiteur avait la possession des objets aliénés en fraude de leurs droits, tandis que si on avait recours à l'action Paulienne, le droit romain était plus exigeant : il fallait prouver que le débiteur avait un droit de propriété sur la chose réclamée. M. Machelard, dans son livre sur la théorie générale des interdits, réfute très-habilement cette opinion : « Il importe peu aux créanciers dont le débiteur a fait une aliénation en fraude de leurs droits que l'objet aliéné fût seulement en la posssession du débiteur ou qu'il en eût la propriété...... Concevrait-on que les créanciers fussent obligés de démêler quelles sont les choses qui appartenaient réellement au débiteur, quelles sont celles dont il n'avait que la possession afin de faire rescinder tantôt par la voie de l'action, tantôt par la voie de l'interdit fraudatoire les aliénations qu'il en a pu faire? Ne serait-il pas bizarre que le défendeur à l'action Paulienne convaincu d'avoir aidé un débiteur à frustrer ses créanciers pût les repousser en disant : «je n'ai pas traité avec un propriétaire et je garderai ce que je détiens, parce que ma complicité dans la fraude n'a pas été démontrée à la suite d'un interdit! »

On a encore soutenu dans un second système que l'interdit ne s'appliquait qu'aux déplacements de possession. Nulle part, cependant, nous n'avons remarqué qu'il fût mis au nombre des interdits possessoires, il devrait plutôt être placé parmi ceux *proprietatis causam continentes*. Ce qui démontre bien qu'il ne s'appliquait pas seulement aux choses susceptibles de possession, c'est qu'il pouvait atteindre les droits incorporels, tels que la remise d'une dette. Ceci résulte de la loi 96 au Digeste *de solutionibus*. Un tuteur a, dans une pensée de fraude, délégué à son créancier un débiteur de son pupille. Le débiteur est libéré s'il paie de bonne foi. Le pupille aura alors contre son tuteur une action *tutelæ directa* pour lui réclamer le montant de sa créance éteinte au profit du tuteur, et si ce dernier est insolvable, la loi 96 accorde au pupille l'interdit fraudatoire contre le tiers délégataire complice de la fraude du tuteur. C'est précisément en expliquant cette loi 96 que Cujas prétend établir la différence entre l'interdit qui révoque la possession et l'action qui révoque la propriété, mais il ne saurait dans notre espèce, être question de possession puisqu'il s'agit d'un droit de créance et cependant on accorde l'interdit. Celui-ci a donc pour objet de trancher le fond du droit comme le ferait l'action Paulienne elle-même.

Nous préférons admettre, pour expliquer cette double voie de recours, l'opinion qui explique que l'interdit aurait précédé l'action Paulienne. Le Préteur hésita d'abord à donner une action et à empiéter ainsi directement sur le domaine du droit civil. Pour réaliser d'abord les réformes qu'il avait en vue, il dût faire usage de son *imperium* et recourir aux interdits. Un acte frauduleux était-il commis, il ordonnait le rétablissement des choses à leur état primitif et si le défendeur à l'interdit n'obéissait à cet ordre, il renvoyait les parties devant un juge dont la mission consistait à examiner si le défendeur avait ou non respecté l'interdit. Mais après l'introduction du système formulaire, le Préteur sentant ses pouvoirs consolidés et étendus, grâce à la ressource qu'il trouvait dans les *formulæ in factum,* put créer des actions à son gré et, dès lors, au lieu de livrer un interdit suivi d'une action, il se débarassa de ce préliminaire désormais inutile. L'action *in factum,* plus étendue que l'interdit, le remplaça complètement.

La question que nous avons examinée n'est point, du reste, spéciale à la matière que nous étudions. On peut voir souvent en droit romain concourir ensemble ce double moyen de procédure, l'interdit et l'action *in factum.* « Ce serait, dit M. Machelard, qui cite Schmidt, une vaine tentative que d'essayer de circonscrire le genre d'affaires qui devaient être réservées à la procédure des interdits pour les séparer de celles qui devaient être jugées au moyen d'actions *in factum.* » On pourrait citer de nombreux exemples de cas où l'interdit et l'action se rencontraient sur un même point pour sanctionner le même droit. Si nous voyons ces deux voies de recours exister l'une à côté de l'autre dans la législation romaine, il n'y a rien là qui doive nous étonner. Nous savons, en effet, qu'animés d'un respect religieux pour leurs anciennes institutions, les Romains les laissaient subsister, sauf à n'y jamais recourir lorsqu'un moyen de sauvegarder leurs intérêts, plus efficace et plus rapide, se présentait à eux.

Les compilateurs du Digeste ont pris un soin tout particulier pour fondre ensemble l'interdit fraudatoire et l'action Paulienne et en effacer les différences. C'est à eux que nous devons aujourd'hui d'être réduits aux simples conjectures que nous avons exposées sur la double existence de l'interdit et de l'action. Nous remarquerons cependant que sur un point de détail, la restitution des fruits de la chose aliénée *in fraudem*, la confusion n'avait pas été absolue.

§ IV.

DES ACTIONS FAVIENNE ET CALVISIENNE.

Pour terminer l'énumération des voies de recours accordées par la loi aux créanciers contre les actes frauduleux de leur débiteur, il nous faut indiquer les actions *Favienne* et *Calvisienne* que le Digeste mentionne au titre : *Si quid in fraudem patroni*. L'édit du Préteur confirmé par les dispositions de la loi *Pappia Poppea* accordait au patron la *légitime* sur la succession de ses affranchis. Ces deux actions étaient accordées afin de faire révoquer les actes que l'affranchi avait passés avec l'intention de diminuer la part de succession que son patron devait recueillir.

L'action Favienne était accordée quand le patron venait *ab intestat*. L'action Calvisienne quand il attaquait le testament de son affranchi par la *bonorum possessio contra tabulas*.

Ces deux actions présentent quelques différences avec l'action Paulienne :

1° L'action Paulienne est dirigée (presque toujours) contre le tiers complice de la fraude du débiteur. Celui-ci reste à l'écart. — Les deux actions Favienne et Calvisienne doivent être dirigées contre le débiteur lui-même.

2° L'action Paulienne fut réelle dans certains cas, personnelle dans d'autres. — Les deux actions accordées contre les actes frauduleux accomplis par les affranchis furent toujours personnelles.

A côté des actions Favienne et Calvisienne nous voyons des actions Favienne et Calvisienne *utiles* qui étaient accordées à l'adrogé impubère pour faire révoquer les actes par lesquels l'adrogeant portait atteinte à ses droits.

SECONDE PARTIE.

De l'Action personnelle du Digeste.

CHAPITRE Ier.

CARACTÈRES DE L'ACTION PAULIENNE.

Tous les textes du Digeste nous présentent l'action Paulienne comme une action personnelle. Ceci ne résulte pas seulement des diverses dispositions placées au titre *Quæ in fraudem creditorum*, mais encore du § 4 de la loi 38 de *Usuris* où Paul la classe parmi les actions personnelles qui donnent lieu à des restitutions de fruits.

Cependant le texte du § 6 *de Actionibus*, aux Institutes, nous présente cette action comme ayant un caractère réel : *Item si quis in fraudem creditorum rem suam alicui tradiderit, permittitur ipsis creditoribus, rescisa traditione, eam rem petere, id est, dicere eam rem traditam non esse, et ob id in bonis debitoris mansisse.*

Pour concilier ce texte avec ceux du Digeste, on a essayé de nier le caractère réel de l'action dont parle Justinien dans les Institutes. Il nous semble bien difficile de soutenir cette théorie, les motifs qui nous font admettre le caractère réel de cette action sont nombreux et décisifs :

1° Ce sont d'abord les expressions employées par Justinien : *Eam rem petere*. Le mot de *petitio* implique toujours pour une action le caractère réel.

2° Nous nous prévaudrons ensuite de la place que cette action occupe aux Institutes. Justinien la classe parmi les actions réelles prétoriennes. Le mot *item* qui se trouve au commencement du paragraphe 6 indique l'intention qu'a eue l'Empereur de comparer cette action à l'action publicienne, laquelle est réelle et dont le paragraphe précédent fait mention.

3° Enfin Théophile, dans sa paraphrase, attribue formellement le caractère réel à cette action.

Ce serait vouloir faire preuve de trop de subtilité que de nier le caractère réel de l'action Paulienne des Institutes. Cette action est une *Rei vindicatio necesseria* dirigée contre un tiers à qui le débiteur a transmis une chose pour frauder les créanciers de sa valeur. C'était une actions fictice. On supposait que l'aliénation n'avait pas eu lieu, que la propriété n'avait pas quitté la tête du débiteur et les créanciers demandaient à faire valoir leur droit de gage sur cette chose comme si elle eût fait toujours partie du patrimoine de leur débiteur,

Et cependant, comme nous le disions, l'action Paulienne est présentée au Digeste comme une action personnelle, comment concilier ces textes avec celui des Institutes? La solution de cette difficulté a donné lieu à bien des controverses.

Vinnius est de ceux qui ont essayé de trancher la difficulté en niant le caractère réel de l'action des Institutes. Si l'action Paulienne, dit-il, a été placée aux Institutes à la suite de l'action rescisoire qui est réelle, ce n'est point à dire que ce soit là le point de ressemblance que Justinien ait voulu établir entre ces deux actions. Il se plaçait à un tout autre point de vue pour établir cette comparaison ; l'action rescisoire sert à faire rescinder *l'usucapion*, l'action Paulienne sert à faire rescinder la tradition ; l'une et l'autre sont en opposition avec le strict droit civil, c'est là le point de contact qui existe entre elles, leur caractère réel ou personnel n'a point été considéré. — Mais en faisant de l'action Paulienne une action toujours personnelle, Vinnius, remarquons-le, lui enlève tout caractère commun avec l'action Publicienne à laquelle il prétend justement que Justinien ait voulu la comparer.

Vinnius ajoute : Ce qui nous prouve encore que cette action est une action personnelle et non pas réelle, c'est la rédaction de l'*intentio* de la formule de cette action. Le créancier qui l'intente ne dit point en effet, en parlant de la chose aliénée, *rem suam esse*, mais bien *rem in bonis debitoris mansisse*, les expressions caractéristiques de l'action réelle n'y sont donc pas employées. — Cette observation est facile à détruire. Qui donc, en effet, voudrait prétendre que les actions Servienne, ou quasi-Servienne, ne sont pas des actions réelles? Et cependant, dans la formule de ces actions, le demandeur ne prétend pas *rem suam esse*. Il en faut donc conclure que toutes les actions réelles ne sont pas des revendications.

Si l'action Paulienne, ajoute Vinnius, était une action réelle, elle serait accordée contre tout possesseur de la chose aliénée frauduleusement ; la question de savoir si le tiers acquéreur est de bonne ou de mauvaise foi serait de peu d'importance; quand même il n'aurait pas contracté avec le débiteur, le caractère réel de l'action Paulienne lui serait opposable. Au lieu de cela, le tiers n'a lieu de craindre l'action révocatoire que s'il a été complice du *de fraudator*, ou s'il s'est enrichi aux dépens des créanciers, et à l'inverse, celui qui ne possède pas peut encore rester tenu de cette action, bien qu'il n'ait pas cessé de posséder par dol. — Nous répondrons à cet argument qu'il n'y a rien là qui soit particulier à l'action Paulienne; la petition d'hérédité est incontestablement une action réelle (1), et cependant elle ne se donne pas contre tout détenteur des choses héréditaires, mais seulement contre celui qui possède *pro herede*, ou *pro successore. Regulariter definiendum est,* dit Ulpien, *eum demum teneri petitione hereditatis qui vel jus, vel pro herede, vel pro successore possidet, vel rem hereditariam* (2).

Enfin, dit-on, comme dernier argument, la formule de l'action Paulienne est conçue *in factum*; cette action doit, dès lors, être personnelle comme toutes les actions de ce genre. L'action du Digeste qui est personnelle est conçue *in factum*, cela est vrai, mais justement l'action Paulienne des Institutes est présentée comme une action fictice et Vinnius reconnait lui-même qu'elle doit à ce caractère d'avoir été rapprochée de l'action rescisoire. Si elle est

(1) L. 25, § 18, Dig. *De petitione heridatis.*

(2) L. 27, § 3, Dig. *De re indicatione.*

fictice, elle n'est point *in factum*. Le Préteur avait à sa disposition ce double moyen de créer des actions, mais il ne les employait jamais ensemble.

Si nous rejetons le système qui veut voir une action personnelle dans l'action indiquée par le § 6 *de Actionibus* des Institutes, nous repoussons bien davantage encore le système qui voudrait voir une action réelle dans l'action Paulienne du Digeste. Cette action a pour fondement un droit de créance, elle est donnée même contre ceux qui ne possèdent pas (L. 9), et elle est recevable non seulement quand il s'agit d'aliénations, mais encore de remises de dettes, d'obligations frauduleusement consenties, de négligences coupables de la part du débiteur, toutes hypothèses dans lesquelles l'action réelle serait impossible à concevoir. La loi 38 *de Usuris* (§ 4), est formelle à cet égard elle indique en effet, parmi les actions personnelles qui peuvent donner lieu à des restitutions de fruits, les actions Paulienne et Favienne.

Pour expliquer la divergence qui existe entre les textes des Institutes et du Digeste, Voët emploie un autre moyen, il nie que l'action dont parle le § 6 *de Actionibus*, soit une action Paulienne; il voit là une action rescisoire de l'aliénation frauduleuse consentie par le débiteur, et lui donne pour fondement, non pas la fraude du tiers acquéreur ou son enrichissement aux dépens des créanciers, mais un droit de gage prétorien appartenant aux créanciers qui ont obtenu l'envoi en possession. C'est, dit-il, une sorte d'action hypothécaire qui prend sa source dans le droit de gage prétorien. Elle compète aux créanciers fraudés, contre ceux à qui, après l'envoi en possession, une chose faisant partie de la masse des biens du débiteur a été livrée, sans qu'il y ait à considérer la bonne ou la mauvaise foi du tiers-acquéreur. Le droit de gage prétorien, que les créanciers ont sur les biens compris dans l'envoi en possession, leur confère un droit de suite sur ces biens et par conséquent la faculté de les réclamer entre les mains de quiconque les possède. Pour soutenir cette opinion, Voët change le texte des Institutes. Voici comment il l'établit : *Item, si quis in fraudem creditorum rem suam alicui tradiderit, bonis ejus a creditoribus possessis; ex sententia præsidis permittitur ipsis creditoribus, rescisa traditione, eam rem petere, id est dicere...* Il rattache ainsi les mots EX SENTENTIA PRÆSIDIS au mot PERMITTITUR au lieu de les laisser joints à cette phrase : BONIS EJUS A CREDITORIBUS POSSESSIS; en sorte que l'action dont il s'agit aux Institutes ne peut être intentée que si l'aliénation frauduleuse a suivi l'envoi en possession obtenu par les créanciers. Tandis que si on conserve la ponctuation de ce texte, comme elle est généralement admise, Justinien aurait voulu dire, conformément aux principes que le Digeste avait déjà admis, que l'action Paulienne ne peut être intentée qu'après l'envoi en possession, qui en est, pour ainsi dire, le préliminaire indispensable. Tant qu'à la loi 9 du titre *quæ in fraudem credi-*

torum, ajoute Voët, laquelle loi déclare que l'action sera dirigée contre le premier acquéreur de mauvaise foi, s'il a livré la chose à un second acquéreur de bonne foi, elle ne saurait nous être opposée, car il s'agit dans cette espèce de l'action personnelle du Digeste qui a pour fondement la fraude, et non de l'action révocatoire mentionnée aux Institutes. Pour faire comprendre son système, Voët passe en revue les quatre hypothèses suivantes :

1° L'aliénation est antérieure à l'envoi en possession. Le tiers n'a pris aucune part à la fraude. Il n'y a lieu, dans cette espèce, ni à l'action réelle, le droit de gage prétorien n'étant pas encore né, ni à l'action Paulienne, la fraude, condition indispensable de sa recevabilité, fait ici défaut.

2° L'aliénation est encore antérieure à l'envoi en possession, mais le tiers-acquéreur a été le complice de la fraude du débiteur. — Cette fraude donnera lieu à l'action Paulienne, tant qu'à l'action réelle, elle n'existera pas, le droit de gage prétorien n'existant pas par lui-même.

3° L'aliénation est postérieure à l'envoi en possession et le tiers est de mauvaise foi. — Le droit de gage prétorien a pris naissance, l'action réelle existe et à côté d'elle l'action Paulienne que la mauvaise foi du débiteur a rendu recevable.

4° Si dans l'hypothèse précédente on suppose le tiers-acquéreur de bonne foi, l'action réelle existera seule, sa bonne foi l'a mis à l'abri de l'action Paulienne.

Ce système est généralement repoussé ; l'admettre, en effet, serait inventer une troisième espèce d'action hypothécaire, et nous savons qu'il n'y en a que deux, l'action servienne et l'action quasi-servienne.

En outre, le changement de ponctuation à l'aide duquel Voël établit son système, n'est point assez autorisé pour servir de base à l'argumentation qu'il propose.

Enfin, le § 6 *de Actionibus* parle d'une fiction de droit, les créanciers peuvent agir contre les biens aliénés, comme s'ils ne l'avaient point été ; or les actions hypothécaires ne reposent point sur des fictions. Le demandeur soutient, dans les actions de cette espèce, qu'en vertu du droit de suite que lui confère son hypothèque, il peut faire saisir et vendre la chose engagée pour se payer sur le prix ; mais peu lui importe que la chose ait été aliénée ou non, qu'elle se trouve entre les mains de celui qui lui a concédé un droit réel sur sa chose, ou entre les mains d'un autre. Peu importe également que le tiers ait acquis de bonne ou de mauvaise foi, sinon la condition de complicité indiquée par le texte ne s'expliquerait plus. Doneau, répond, il est vrai, que c'est là une différence qui sépare de l'hypothèque conventionnelle du droit de gage prétorien, lequel droit de gage laisserait subsister les aliénations faites sans fraude et ne préjudiciant pas aux créanciers, mais ce sont là de simples conjectures qui ne sont appuyées par aucun texte. (*Tambour*, Voies d'exécution, première partie).

Cette question semble aujourd'hui généralement tranchée dans le sens d'une quatrième opinion soutenue par les commentateurs modernes du Droit romain. Pour expliquer les textes sans les altérer, on est disposé à admettre qu'il y eut deux actions Pauliennes en Droit romain, l'une personnelle, celle du Digeste, l'autre réelle, celle des Institutes. La première était plus générale, elle s'appliquait à toutes les hypothèses, mais ses effets étaient restreints, elle laissait les créanciers exposés à l'insolvabilité du tiers acquéreur, car ils étaient obligés de subir le concours des créanciers personnels de ce dernier et n'obtenaient qu'un dividende. L'action réelle, au contraire, ne s'étendait qu'à l'hypothèse où un bien du débiteur aurait été aliéné en fraude des droits de ses créanciers. Elle était établie sur cette fiction que les biens aliénés frauduleusement ne l'avaient point été et les créanciers pouvaient alors faire valoir sur ces biens leur droit général de gage absolument comme s'ils étaient restés dans le patrimoine du débiteur.

Ces deux actions étaient soumises aux mêmes conditions d'exercice. Elles différaient cependant au point de vue de la rédaction de la formule. L'action personnelle était une action *in factum*, le Préteur au lieu d'y poser une question de droit, décrivait les faits qui pouvaient donner lieu à l'exercice de cette action et confiait au juge la mission d'en vérifier l'exactitude pour condamner ou absoudre le défendeur. L'action réelle, au contraire, reposait sur une fiction, elle permettait au créancier de revendiquer la chose frauduleusement sortie du patrimoine du débiteur, comme si elle y avait été réellement maintenue.

Nous nous trouvons encore ici en présence d'une question du même genre que celle que nous avons déjà examinée au sujet de l'action Paulienne et de la loi Ælia Sentia. Laquelle, dans l'ordre chronologique, doit être placée la première, de l'action personnelle ou de l'action réelle. Il est bien difficile de donner ici une solution bien arrêtée. Deux opinions sont en présence.

Dans un premier système on soutient l'antériorité de l'action réelle sur l'action personnelle. Celle-ci était en effet plus étendue dans sa sphère d'application ; or, dit-on, comme le Préteur alla toujours du simple au composé, il est probable que la seconde ne fut créée que pour suppléer à ce qui manquait à la première. Puis l'action réelle est fictice ; le droit civil regardait comme valables tous les actes passés par le débiteur, encore qu'ils portassent atteinte aux droits de ses créanciers, le Préteur tourne d'abord la difficulté en recourant a une fiction : « *Si quis in fraudem creditorum rem suam alienaverit...... Permittitur rescisa traditione eam rem repetere, id est dicere eam rem traditam non esse et ob id in bonis debitoris mansisse.* Il agissait de la sorte à une époque où il n'osait encore créer des actions, mais plus tard, sentant ses pouvoirs se consolider et s'accroître, il suppléa directement au droit civil trop peu étendu, et l'action qu'il établit ne s'appliqua pas seulement aux aliénations, mais encore à tous les actes frauduleux par lesquels le débiteur essayait de diminuer son patrimoine.

Enfin, disent les partisans de ce système, si Gaius ne cite pas l'action Paulienne parmi les actions prétoriennes réelles, c'est que l'énumération qu'il en présente n'est qu'énonciative, mais cette lacune ne prouve aucunement que de son temps l'action Paulienne réelle n'existait pas encore.

Quelque bien établi que paraisse ce système enseigné par nos meilleurs auteurs (1), l'opinion de ceux qui considèrent l'action personnelle comme la plus ancienne, nous semble préférable. Ce système s'appuie sur les données que nous avons de la manière dont progressa le Droit romain et subit à la longue l'équitable influence des idées du Préteur. Nous savons en effet que les anciens jurisconsultes n'admettaient pas les actions réelles rescisoires: « qu'il suffise de rappeler, dit Bonjean (2), qu'en Droit romain, la *condictio indebiti* et l'action de réméré étaient des actions personnelles. » Seul Ulpien, ce jurisconsulte aux idées avancées, nous laisse entrevoir la possibilité d'actions résolutoires du droit de propriété. De lui seul, en effet, émanent les textes du Digeste relatifs aux actions rescisoires considérées comme actions réelles, mais il n'avance que timidement cette opinion nouvelle. Les lois 29 et 30 *de mortis causa*, nous montrent bien que cette doctrine était récente et qu'elle en était encore à sa

(1) M. Ortolan, Instituts de l'Empereur Justinien. t. III.

(2) Bonjean, Traité des actions, tome II.

première apparition. Comment, du reste, si l'action réelle eût été comme la première n'en serait-il aucunement question dans les textes du Digeste? Nous trouvons bien au titre *quæ in fraudem creditorum* plusieurs lois relatives à l'interdit fraudatoire tombé en désuétude et remplacé par l'action Paulienne! Le Digeste étant la compilation des ouvrages des jurisconsultes de l'époque classique du Droit romain, si aucun texte n'y parle de l'action réelle révocatoire, c'est qu'elle n'existait pas au temps de ces jurisconsultes qui ne connaissaient encore que l'action personnelle.

Enfin, si nous voulons établir un parallèle entre les deux actions que nous avons sous les yeux, nous voyons que l'action réelle était un perfectionnement par rapport à l'action personnelle. Celle-ci laissait les créanciers en butte à l'insolvabilité du tiers-acquéreur; l'action réelle offrait plus de garanties, elle leur permettait de reprendre le bien aliéné et d'exercer leurs poursuites sur ce bien comme s'il était toujours resté dans le patrimoine de leur débiteur. N'est-il pas rationnel d'admettre que de ces deux procédés pour faire révoquer un acte frauduleux, le plus parfait a dû se produire le dernier? Autrement il eût été inutile.

Nous avons vu que l'action Paulienne était tantôt réelle et établie sur une fiction, tantôt personnelle et conçue *in factum*. Complétons l'énumération des différents caractères de cette dernière, en remarquant qu'elle était Prétorienne, arbitraire, pénale, unilatérale.

1° *Prétorienne.* C'est le Préteur qui l'a introduite. Plusieurs textes du Digeste en font foi.

2° *Arbitraire.* Sous l'empire du système formulaire les condamnations étaient toujours pécuniaires. C'était un inconvénient des plus graves. Le Préteur sut trouver un moyen d'y échapper relativement à certaines actions. Il accordait au juge, si celui-ci reconnaissait le bien fondé de la demande, le pouvoir d'exiger du défenseur telle satisfaction qu'il indiquerait; par exemple la restitution de l'objet revendiqué, ou de le condamner s'il refusait d'obéir à cette injonction. Ainsi, en obéissant à cet ordre préalable, le défendeur échappait à toute espèce de condamnation et son intérêt lui conseillait le plus souvent l'obéissance, car on avait soin que le chiffre de la condamnation fût de beaucoup supérieur à la valeur de l'objet du litige.

L'action Paulienne était arbitraire. La satisfaction exigée du défenseur variait suivant les circonstances. — Avait-il acquis quelque chose de mauvaise foi? Le juge lui ordonnait de restituer. Une acceptilation frauduleuse lui avait-elle été consentie? Il devait contracter une obligation nouvelle dans les mêmes termes que la première. Si, dans le premier cas, le juge pouvait faire exécuter la sentence *manu militari* (à condition, toutefois, d'admettre la possibilité fort contestable de cette voie d'exécution), aucune force humaine n'était capable, on le comprend, de faire contracter au débiteur frauduleusement libéré une obligation nouvelle qui ne pouvait naître que de son consentement, accompagné de sa part de certaines formalités.

3° *Pénale unilatérale* L'action Paulienne était pénale *ex parte rei*, et persécutoire *ex parte actoris*, c'est-à-dire qu'elle tendait à diminuer le patrimoine du défendeur sans augmenter celui du demandeur qui ne faisait qu'obtenir la réparation du préjudice qui lui avait été causé. Ce caractère de l'action Paulienne nous conduit à décider, suivant les principes généraux du droit, qu'elle passait aux héritiers du demandeur, mais n'était accordée contre les héritiers du défendeur que jusqu'à concurrence de leur enrichissement (1).

CHAPITRE II.

DES ACTES CONTRE LESQUELS L'ACTION PAULIENNE EST RECEVABLE.

Il nous faut établir en tête de ce chapitre une distinction capitale. C'est Ulpien lui-même qui nous l'indique (2). L'action Paulienne est accordée contre tous les actes par lesquels le débiteur diminue son patrimoine, elle ne l'est pas contre ceux qui constituent de sa part un simple refus d'acquérir.

§ Ier.

Entre cette double catégorie de faits la limite était difficile à tracer. La loi romaine a, moins lar-

(1) L. 10, § 25, et L. 6.
(2) L. 6. pr. h. t.

gement que la loi française, étendu la catégorie des actes qui constituent de la part du débiteur une diminution de patrimoine, et qui sont comme tels soumis à l'action Paulienne. Quelle que soit, en effet, au dire d'Ulpien, la généralité des termes de l'édit, il existe bien des actes pouvant à bon droit être considérés comme de véritables aliénations, contre lesquels l'action révocatoire ne sera pas recevable.

Quoiqu'il en soit, une foule d'actes peuvent donner lieu à l'application de l'action Paulienne et c'est en ce sens qu'Ulpien a pu dire, en parlant de l'édit : *Late verba patent.* Sera révocable toute aliénation consentie par le débiteur en fraude des droits de ses créanciers, c'est-à-dire ayant pour objet de diminuer d'autant son patrimoine et d'enlever aux créanciers la chance qu'ils pouvaient avoir, en faisant vendre ces biens, de se faire payer de leurs créances. Peu importe à quel titre aliène le débiteur, échange, vente, donation ; la constitution de dot, toute favorable qu'elle parût aux yeux du législateur, était soumise à ces règles (1). L'action atteindra le fait de délaisser un objet pour qu'un autre s'en empare et *l'usucape, enimvero verbum alienationis etiam usucapionem continet.* (2)

Peuvent encore être révoqués comme frauduleux, une obligation, une acceptilation ou un pacte de remise que le *defraudator* aurait consentis à ses débiteurs, la remise d'un gage pour la garantie

(1) L. 2 Code *de revocandis donationibus.*

(2) Paul, L. 28, Dig. *de verb. significatione.*

d'une dette déjà ancienne (1), quand même cette remise de gage serait faite par un époux à son conjoint (2); ou, enfin, une injuste préférence accordée à un créancier.

Une négligence, une inaction coupable de la part du débiteur peuvent encore donner lieu à l'application de l'action Paulienne ; par exemple si le débiteur laisse périmer une instance, s'il néglige en temps utile d'intenter une action temporaire, s'il s'est porté caution après être convenu avec le débiteur principal que celui-ci le libérerait à une certaine époque et refuse d'exiger sa libération.

Enfin donnera lieu à l'application des mêmes principes le fait de laisser éteindre par leur usage un droit d'usufruit ou de servitude.

Des difficultés sérieuses se présentent au sujet des paiements que le débiteur a consentis.

Il est nécessaire d'établir ici une distinction importante entre les paiements effectués depuis l'envoi en possession à ceux qui ont eu lieu avant cette procédure.

Ire *Hypothèse. — Le paiement a été effectué* AVANT *l'envoi en possession.*

Plusieurs cas sont à examiner.

1° *La dette qui a été payée était échue avant l'envoi en possession.* Le paiement, dans ce premier cas, demeurera inattaquable. Cette solution découle de nombreux textes.

(1) L. 10, § 13. h. t.
(2) L. 18.

Ulpien (1) et Scœvola (2) l'indiquent de la façon la plus formelle. Le droit pour un créancier de faire révoquer un acte comme portant atteinte à ses intérêts suppose une condition de fraude qu'on ne saurait rencontrer dans le fait de recevoir ce qui nous est dû. Le créancier qui a été payé de sa créance pourrait répondre aux autres créanciers : j'ai pris soin de mes intérêts, c'était à vous de vous montrer aussi soucieux des vôtres que moi-même je l'ai été des miens : *Jus civile vigilantibus scriptum est.*

Malgré cependant les termes formels des lois que nous avons citées, cette solution n'a point été admise sans difficulté. Certains auteurs veulent établir de nouvelles distinctions ; suivant eux, ce paiement ne devrait être maintenu qu'à la condition que le créancier ne l'ait pas reçue *per gratificationem,* c'est-à-dire qu'il n'ait point été injustement favorisé par le débiteur au détriment des autres créanciers. Cette opinion cherche un appui dans le texte de la loi 24. Scœvola y suppose qu'un pupille, après avoir accepté l'hérédité paternelle, consent des paiements à différents créanciers, puis obtient ensuite d'être restitué *in integrum* contre son acceptation. Quel sera, se demande le jurisconsulte, le sort des divers paiements qu'il aura consentis durant cet intervalle ?

Il faut distinguer, répond le texte, suivant que le paiement a eu lieu ou non *per gratificationem.* Si le

(1) L. 6. § 6 et 7, L. 10, quœ in fraudem. Dig.

(2) L. 24 in fine, h. t.

paiement a été fait *per gratificationem* il sera réduit dans la même proportion que si tous les créanciers avaient été payés, mais il sera entièrement valable dans le cas contraire. — Cette disposition ne nous semble avoir aucun rapport avec l'action qui nous occupe ; elle devrait se rapprocher plutôt d'une disposition contenue dans la loi 24 au Digeste, *de acquirenda hereditate*, formulée en des termes beaucoup plus généraux. Julien y examine la question de savoir quelle sera la valeur des actes passés par le pupille et relatifs à la succession qui lui est échue, depuis qu'il a accepté cette succession jusqu'au jour où il a obtenu le *restitutio in integrum* contre cette acceptation. Le jurisconsulte décide que les créanciers devront respecter tous les actes que le pupille aura accomplis de bonne foi, sans qu'il y ait à distinguer si le pupille est solvable ou ne l'est pas. Cette règle se rencontre encore dans la loi 6 § 1, au Digeste, *de rebus auct. judicis* : *Si pupillis antequam abstinuerit aliquid gesserit, servandum est, utique si bona fide gessit.*

Mais, nous objecte-t-on, les termes de l'édit sont généraux, tout acte frauduleux tombe sous leur application, et ne peut-on pas voir un acte frauduleux dans le fait d'un débiteur qui, par une injuste préférence, paie *in integrum* un de ses créanciers, tandis que les autres ne reçoivent qu'un dividende? Le paiement devra donc être soumis à l'action Paulienne, si en l'effectuant le débiteur savait que les ressources qui lui restaient étaient insuffisantes pour s'acquitter envers ses autres créanciers. —

Nous répondrons que cette objection est justement réfutée par la suite même de la loi où Ulpien rapporte le texte de l'édit ; il y est dit, en effet, qu'un paiement fait du moins dans les circonstances où nous nous sommes placés, ne peut jamais être considéré comme un acte de mauvaise foi.

Les partisans de la distinction que nous venons d'indiquer invoquent encore les derniers mots du § 1er de la loi 25 à notre titre. Il résulte de ce texte, qu'un mari qui reçoit une dot de *bonne foi*, n'a rien à craindre de l'action révocatoire pas plus qu'un créancier qui recevrait ce qui lui est dû. *In maritum autem qui ignoraverit (fraudem) quam in creditorem qui a fraudatore, quod ei debetur acquirit, quum is indotatam uxorem ducturus non fuerit.* On retourne ainsi l'argument et l'on dit : Si le mari avait reçu la dot de mauvaise foi, il serait soumis à l'action Paulienne, par conséquent le créancier qui reçoit son paiement de mauvaise foi, doit y être également soumis, puisque sa position est identique à celle du mari. — Mais il est généralement admis que ce texte n'a d'autre but que d'assimiler le mari à un acquéreur à titre onéreux, tel que pourrait l'être un créancier qui reçoit ce qui lui est dû, et non point d'établir une corrélation aussi absolue entre deux situations essentiellement différentes.

Tant qu'au *proœmium* de la loi 96 au Digeste, *de solutionibus*, elle prévoit une hypothèse toute particulière qui reste en dehors de la matière dont nous nous occupons.

Ainsi un créancier a toujours le droit de recevoir le paiement d'une dette échue, encore qu'il saurait que le débiteur a d'autres créanciers et que ses ressources sont insuffisantes pour les payer. Mais si nous supposons que deux créanciers réclament en même temps leur paiement et que le débiteur paie de préférence à l'un d'eux, le créancier non payé sera en droit de prétendre au partage de ce que l'autre a reçu. « *Quod si utroque instante tibi gratificatus tutor solvit, æquum est, aut prius eamdem portionem mihi quæri, aut communicandum quod accepisti, et hoc Julianus ait* (1). L'équité commande une semblable décision. Il y a de la part de chaque créancier une égale vigilance, et celui qui a reçu son paiement intégral a été l'objet d'une préférence injuste.

2° *Le paiement est fait avant le terme qui ne devait échoir qu'après l'envoi en possession, mais la créance étant privilégiée, le créancier était assuré d'en recevoir le paiement intégral.*

On soutient dans un premier système, qu'il n'y aura jamais lieu à l'application de l'action résolutoire. Cette opinion nous paraît insoutenable en présence de la loi 10, § 12 et de la loi 17, § 2 à notre titre. Il résulte en effet de ces différentes lois que les créanciers non payés pourront réclamer l'*interusurium* contre les créanciers payés avant l'échéance. — Celui-ci, grâce à sa qualité de créancier gagiste, peut réclamer un paiement intégral, mais le fait de recevoir ce paiement avant l'échéance de

(1) L. 6, § 2, Dig. *De rebus auct. jud.*

la dette constitue pour lui un bénéfice au détriment des autres créanciers. Dès lors ces derniers devront être admis à réclamer jusqu'à concurrence de l'intérêt produit par cette somme depuis le paiement jusqu'au jour de l'échéance. Il s'agit ici pour eux d'éviter une injustice.

3° *Le paiement est effectué dans les mêmes conditions que dans l'hypothèse précédente, seulement la créance n'étant point privilégiée, le créancier ne devait recevoir qu'un dividende.*

L'action Paulienne recevra en semblable cas son entière application. Le paiement sera révoqué jusqu'à concurrence de la somme qui dépasse le dividende que le créancier aurait reçu, s'il avait été payé à l'échéance. On ne peut ici, comme dans les cas précédents, dire que le créancier a reçu ce qui lui était dû, ce serait d'ailleurs reconnaître au débiteur le droit d'accorder à un de ses créanciers une injuste préférence au détriment des autres.

IIe Hypothèse. *Le paiement a été effectué depuis l'envoi en possession.*

Par l'effet de l'envoi en possession, le débiteur est dépouillé de l'administration de ses biens, qui est confiée à ses créanciers avec le droit de les faire vendre et de se faire payer sur le prix. L'envoi en possession établit entre ces derniers une communauté d'intérêts d'où découle pour eux une égalité parfaite. Si donc un créancier recevait un paiement intégral dans le cas où la situation des biens de son débiteur ne lui permettrait de prétendre qu'à un dividende, les autres créanciers l'obligeraient à rapporter à la masse ce qu'il a reçu, pour venir avec eux en concours, au marc le franc.

Cette règle doit être généralisée en déclarant *à priori* la nullité de tous les actes que le débiteur consentirait après que l'administration de ses biens lui a été enlevée (1).

§ II

L'action Paulienne ne s'applique, avons-nous dit, qu'aux actes par lesquels le débiteur diminue son patrimoine, mais non point à ceux qui ne constituent de sa part qu'un simple refus d'acquérir. C'est cette règle qu'Ulpien formule dans le *proœmium* de la loi 6 *quæ in fraud. credit* et qu'il reproduit dans la loi 134 *de regulis juris*.

Il n'y a point lieu, par exemple, à l'exercice de l'action Paulienne si un créancier conditionnel empêche par son fait l'accomplissement de la condition sous laquelle il était créancier, sachant bien qu'il cause ainsi un préjudice à ses créanciers. On considère qu'il y a simplement là de sa part un refus de s'enrichir (2). Mais, à l'inverse, il y aurait lieu d'appliquer l'action Paulienne si celui qui est débiteur sous une condition potestative de sa part, la laisse ou la fait s'accomplir en fraude de ses créanciers. On ne peut dire ici qu'il a refusé de s'enrichir en s'acquittant d'une obligation qui

(1) *De regulis juris*. L. 50 § 17 et L. 6 §§ 6 et 7.
(2) L. 6, § 1. *Quæ in fraud. cred.*

desait antérieurement sur lui; il est plus exact de dire qu'il s'est frauduleusement soumis à une obligation qui n'existait pas encore (1).

C'est parce que les jurisconsultes romains voyaient un simple refus d'acquérir dans la renonciation à une succession légitime ou testamentaire, que l'action Paulienne reste ici sans application. Il n'y a, du reste, aucune distinction à établir entre les héritiers externes et les héritiers siens. Quoique ces derniers aient acquis l'hérédité indépendamment de toute *adition*, on assimilait leur abstention à la répudiation d'un héritier externe (2).

Par suite de la même idée, il n'y a point lieu à révocation quand un légataire répudie le legs pour lequel il est institué. Le legs n'est point, en effet, un droit qui soit *in bonis notris* tant que nous ne nous sommes pas prononcés sur son acceptation ou sa répudiation (3). La même décision doit s'appliquer au cas où l'héritier fiduciaire n'acceptant l'hérédité que sur l'ordre du Préteur, la restitue intégralement et se prive ainsi du droit de retenir la quarte légitime (4).

Etait encore inattaquable le fait par le chef de famille d'émanciper son fils appelé à une succession afin qu'il fasse *adition* pour son propre compte, ou celui de vendre un esclave institué héritier, afin

(1) M. Bufnoir, *Théorie de la condition*.

(2) L. 67, § 2, *ad S. C. Nebell.*

(3) L. 5, §15, *de jure dotium* et L. 5, § 13, *de don. inter virum et uxorem*.

(4) Code 7, § 1, *ad S. C. Trebell.*

qu'il fasse *adition* par ordre de l'acheteur qui profitera ainsi de la succession, à moins que la vente elle-même ne fût frauduleuse.

Un fils exhédéré par son père ne peut non plus être contraint d'intenter contre le testament de ce dernier la *querela inofficiosi testamenti*. Les créanciers ne peuvent se plaindre, car en contractant avec lui ils n'ont point dû prendre en considération la succession éventuelle du père. S'ils l'ont fait, ils sont, ou bien des *imprudents* d'avoir pensé qu'on pouvait s'obliger sur des biens auxquels on n'a aucun droit, ou bien des *impudents* d'avoir ainsi excité le fils à convoiter l'hérédité paternelle. La gravité du sujet n'a point empêché l'annotateur de Doneau de jouer sur les mots.

Il faut remarquer en cette matière que le Préteur a peut-être trop étendu l'énumération des actes qui ne constituent qu'un refus d'acquérir. La règle eût été mieux établie si elle eût distingué entre les droits positifs (tels qu'une succession acquise ou un legs), et les simples expectatives (telles qu'une occasion favorable d'enrichissement qui se présente, l'offre d'une affaire avantageuse). Le Préteur craignait probablement qu'on étendît exagérément l'application de l'action Paulienne, et il lui paraissait rester sur un terrain plus sûr et plus solide en ne permettant que la révocation des droits qui ont constitué le gage des créanciers au jour de la naissance de leur créance.

Il existe, en effet, dans le Droit romain d'autres circonstances où l'on regarde comme de véritables aliénations des actes qui, en notre matière, ne sont considérés par la loi que comme de simples refus d'acquérir. C'est ainsi que la loi 5, § 8, *de rebus eo rum qui sub tutela* regarde la repudiation d'un legs comme une aliénation que le pupille ne pouvait consentir sans un décret du Préteur : *esse enim et hanc alienationem, cum res sit pupilli, nemo dubitat.* Voët fait une remarque de ce genre au § 16 de son commentaire du titre *quæ in fraudem creditorum.*

CHAPITRE III.

QUELLES SONT LES CONDITIONS D'EXERCICE DE L'ACTION PAULIENNE.

Trois conditions sont nécessaires à l'exercice de l'action Paulienne.

1° Qu'il résulte de l'acte passé par le débiteur un préjudice pour ses créanciers *(eventus).*

2° Qu'il ait agi avec l'intention frauduleuse de porter atteinte à leurs droits *(animus).*

3° Que le tiers avec lequel le débiteur a contracté ait été son complice.

§ I.

DU PRÉJUDICE.

La première condition nécessaire pour que les créanciers puissent se plaindre des actes passés par leur débiteur, c'est que ces actes leur causent un préjudice. C'est une application de ce principe général : l'intérêt est la mesure des actions.

L'action Paulienne n'est qu'une mesure subsidiaire accordée aux créanciers. Ceux-ci doivent préalablement chercher à se faire payer sur les biens dont leur débiteur a conservé la possession ; ce n'est qu'en cas d'insuffisance qu'ils peuvent recourir à l'action Paulienne pour obtenir leur paiement sur ceux que leur débiteur a frauduleusement aliénés.

Le moyen de constater cette insuffisance fut, suivant les époques, la *venditio bonorum* et la *distractio bonorum*. Cette procédure était le préliminaire indispensable à l'exercice de l'action Paulienne, qui constituait en quelque sorte un incident de cette procédure. Cette vente des biens pouvait, il est vrai, devenir impossible dans le cas où le débiteur aurait frauduleusement aliéné l'universalité de son patrimoine, mais alors il suffisait de faire constater cette absence de biens et l'action révocatoire était admise. (1)

L'insuffisance des biens (jointe à la fraude) n'était pas nécessairement et à elle seule un motif à l'admission de l'action Paulienne, il fallait encore que cette insuffisance fût le résultat de l'acte accompli par le débiteur. Qu'on suppose par exemple que le débiteur meure solvable, malgré qu'il ait consenti plusieurs aliénations frauduleuses. Son héritier a

(1) Tambour. Voies d'exécution. t. 1er.

de nombreuses dettes, et par suite de la confusion qui s'opère entre son patrimoine et celui du *de cujus*, ses créanciers personnels viennent en concours avec les créanciers de la succession. Ceux-ci, bien qu'ils ne reçoivent qu'un dividende au lieu d'un paiement intégral, resteront cependant privés du droit d'agir en révocation contre les actes frauduleux que le débiteur a consentis. Il n'y a point en effet entre ces actes et le préjudice qu'ils éprouvent les rapports de cause à effet exigés par la loi.

Si, par suite d'une subtilité juridique l'action directe était impossible, le Préteur accordait une action utile. Un débiteur est décédé après avoir passé certains actes en fraude de ceux à qui il doit ; son héritier, au lieu de s'abstenir, accepte la succession, commet lui-même des actes frauduleux et obtient la restitution *in integrum* contre son acceptation. La révocation ne peut strictement être prononcée ni contre les actes du *de cujus* qui laissant un héritier solvable, n'a causé à ses créanciers aucun préjudice, ni contre ceux de l'héritier qui a cessé de l'être par le fait de la restitution. Cependant on accordera aux créanciers une action utile, si toutefois ils n'ont point accepté l'héritier pour débiteur en contractant avec lui. Les mêmes principes s'appliqueraient à l'héritier externe qui se serait fait restituer contre son *adition*, ou à l'esclave héritier *nécessaire* qui aurait obtenu le bénéfice de séparation de biens (1)

Si l'éventualité du préjudice vient à cesser, l'action

(1) L. 10, §§ 10 et 11.

n'a plus de raison d'être. Tel serait le cas où quelqu'un demanderait l'attribution des biens *libertatum servandarum causa*, car il devait, en faisant cette demande, fournir caution du paiement intégral des créanciers de la succession.

§ II.

DE LA FRAUDE.

Le débiteur n'est point, avons-nous dit, par le seul fait de son obligation, enlevé à l'administration de son patrimoine. Les créanciers ayant suivi sa foi, il les représente, il est censé agir de leur consentement dans tous les actes qu'il accomplit. Ce principe, toutefois, devait avoir une limite naturelle ; il cesse de représenter ses créanciers, dès qu'il cherche par fraude à porter atteinte à leurs droits. Ceux-ci ne sont point présumés lui avoir octroyé un semblable pouvoir.

La fraude ne suppose pas seulement l'accomplissement de certains actes qui, mettant en péril le patrimoine du débiteur, diminuent, par cela même, le gage de ses créanciers ; telles seraient par exemple, de mauvaises combinaisons, des entreprises ruineuses, encore qu'il y ait maladresse de la part du débiteur qui s'en est chargé. Il faut encore que celui-ci en accomplissant ces actes ait l'intention bien arrêtée de porter atteinte aux droits de ses créanciers et de leur causer un dommage (1). Ainsi les créanciers ne seront-ils jamais admis à

(1) L. 6, § 7 et L. 147 *de reg. juris* (Digeste).

demander la révocation d'un acte auquel ils auraient consentis (1).

Mais est-il nécessaire pour qu'on conçoive l'idée de fraude que le débiteur ait eu en contractant l'intention bien arrêtée de frustrer ses créanciers? Non, sans quoi il n'y aurait presque jamais lieu d'accorder l'action révocatoire. Il suffit, d'après l'opinion universellement admise, que le débiteur ait aperçu que l'acte qu'il allait accomplir devait diminuer son patrimoine, amener ou accroître son insolvabilité sans être arrêté par le soin de l'intérêt de ses créanciers. Julien établit ainsi cette doctrine : Le débiteur Lucius Titius a des enfants naturels qu'il émancipe et auxquels il aliène l'universalité de son patrimoine. Bien qu'il ait agi sans intention de frauder ses créanciers et bien qu'on puisse penser que le mobile de cette action soit un sentment de générosité envers ses enfants, plutôt qu'une intention malveillante à l'égard de ses créanciers, ceux-ci pourront demander la révocation de l'aliénation qu'il a ainsi consentie.

Si le débiteur est un pupille, il suffit que l'intention frauduleuse existe de la part de son tuteur, sinon les intérêts des créanciers seraient sacrifiés. Un pupille incapable de volonté aux yeux de la loi ne pourrait jamais être considéré comme ayant été animé d'une intention frauduleuse.

Quelquefois l'action Paulienne sera inutile pour amener la révocation d'actes frauduleux consentis par le débiteur. Un père laisse à son fils la libre

(1) L. 78, Dig. de *regulis juris*.

administration de son pécule ; le fils agit en fraude de ses créanciers. Il est inutile de recourir à l'action Paulienne pour faire tomber ces actes ; on ne suppose pas, en effet, que le père ait donné pouvoir à son fils d'aliéner en fraude de ses créanciers. Si, cependant, il avait pu lui concéder une administration d'une pareille étendue, ce serait le père lui-même qui serait tenu *de peculio* jusqu'à concurrence de ce qui constitue le pécule ou de ce qui a cessé frauduleusement d'en faire partie.

§ III

COMPLICITÉ DES TIERS

Il faut, comme troisième condition exigée pour la recevabilité de l'action Paulienne, que le tiers avec lequel le débiteur a contracté ait été le complice de la fraude de ce dernier (à moins qu'il ne s'agisse d'actes à titre gratuit). Nous examinerons cette question dans le chapitre qui traite des personnes contre lesquelles l'action Paulienne est recevable.

CHAPITRE IV

A QUI APPARTIENT L'ACTION PAULIENNE

L'action dont nous nous occupons appartient aux créanciers lésés, ainsi qu'à leurs successeurs. Mais elle est refusée au débiteur ainsi qu'à ses ayant-cause à titre universel. A leur égard l'acte consenti par le débiteur subsiste dans toute sa force. Ce principe résulte de la loi 4 au Code *de revocandis his quæ in fraudem creditorum : filios debitoris, ei succedentes, veluti in creditorum fraudem alienatorum facultatem revocandi non habere, notissimi juris est.*

Cette action ne compète pas directement à tous les créanciers, mais seulement à ceux dont le titre est antérieur à l'acte attaqué. Il faut, en effet (nous l'avons vu dans le chapitre qui précède), que l'acte frauduleux cause aux créanciers un certain préjudice, effet qui ne saurait se produire si l'acte attaqué est antérieur à la naissance de l'obligation. De quel droit viendrait se plaindre un créancier postérieur? L'action Paulienne sert à faire rentrer dans la masse des biens du débiteur ceux qui ont cessé frauduleusement de faire partie du gage des créanciers, et un créancier ne saurait compter que les biens aliénés avant la naissance de sa créance viendront en assurer le paiement. Cependant les créanciers postérieurs à l'acte attaqué pourraient avoir le droit d'agir en révocation, si leur argent avait servi à désintéresser les créanciers antérieurs auxquels ils sont subrogés (1).

Mais une fois la révocation prononcée elle profite à tous les créanciers, qu'elle soit accordée au *curator bonorum* ou bien qu'elle le soit à celui *ei cui de ea re actionem dari oportebit.* Dans ce dernier cas, celui qui a intenté l'action devra en partager le bénéfice avec les autres créanciers; c'est là une diffé-

(1) L. 15 et 16 h. t.

rence entre le *pignus conventionale* et le *pignus prœtoriale*, celui-ci ne crée pas le droit de préférence au profit de celui qui l'a obtenu.

Il suffira donc qu'il y ait un seul créancier lésé pour qu'il y ait lieu à l'action, mais il ne profite pas seul de cette action; bien plus, Ulpien pense que l'action subsisterait encore au profit des autres créanciers, voire même si le créancier victime de la fraude avait été ensuite désintéressé. Souvent, en effet, dit Paul, on profite d'une action qu'on n'avait pas soi-même : *sæpe enim quod quis ex sua persona non habet, hoc per extraneum petere potest* (1).

Le créancier hypothécaire peut-il réclamer le bénéfice de l'action Paulienne? Il est évident que si le droit de suite que lui confère son hypothèque sur les biens du débiteur suffit pour lui assurer le montant de sa créance, il n'a point intérêt à agir en révocation. Mais si cet intérêt vient à se produire, je ne vois pas pourquoi il ne pourrait user d'un droit accordé à un créancier ordinaire et se trouverait ainsi placé dans une situation inférieure à celle de ce dernier. Cet intérêt se présentera rarement, mais on pourrait citer quelques cas. Une hypothèque a été consentie sur un meuble (la loi romaine, à cet égard, différait de la nôtre), le débiteur aliène ce meuble et l'acquéreur de mauvaise foi le revend à un sous-acquéreur contre lequel le créancier ne peut agir faute de le connaître. Celui-ci aura intérêt à user de l'action Paulienne pour agir

(1) L. 3, Dig *Quæ res pignori vel hypothecæ*.

contre le premier acquéreur *in solidum rei pretium*. Cet intérêt s'aperçoit encore pour le créancier si la preuve de son droit d'hypothèque devient difficile par suite de la perte des titres qui le constataient. Enfin le créancier hypothécaire ne peut-il donc renoncer à son hypothèque si la position de simple créancier chirographaire lui semble préférable?

Nous pourrions réclamer un argument à l'appui de cette opinion, à la loi 21 de notre titre, cette loi accorde à celui qui a acheté d'un créancier hypothécaire le bien grevé, le droit d'agir en révocation contre les actes que le débiteur a consentis en fraude des droits de ses créanciers. — Accorder cette action au successeur à titre particulier du créancier, c'est l'accorder au créancier lui-même.

CHAPITRE V

QUELLES SONT LES PERSONNES CONTRE LES QUELLES L'ACTION PAULIENNE EST RECEVABLE

L'action Paulienne est accordée le plus souvent contre les tiers qui ont contracté avec le débiteur, mais elle peut quelquefois être accordée contre le débiteur lui-même.

§ 1er

ACTION PAULIENNE DONNÉE CONTRE LES TIERS

L'action Paulienne est dirigée contre le tiers qui se rendant complice de la fraude du débiteur a contracté avec lui.

Si le tiers ignore l'intention frauduleuse du débiteur, l'acte qu'il consent est inattaquable. Mais quel est le véritable caractère que doit avoir cette complicité? Ulpien nous l'indique en ces termes : *Quod ait Prætor sciente sic accipimus, te conscio et fraudem participante; non enim, si simpliciter scio, illum creditores habere, hoc sufficit ad contendendum, teneri eum in factum actione : sed si particeps fraudis est.* » (1) Le fait de savoir que l'on contracte avec un débiteur qui a des créanciers ne suffit pas pour constituer le contractant en fraude, il faut encore qu'il connaisse les projets malintentionnés du débiteur et y prête la main de propos délibéré.

Il suffira même, pour la recevabilité de l'action Paulienne, que le tiers sache que le débiteur avait l'intention de frauder un de ses créanciers, quand bien même tous les autres lui auraient été inconnus. Mais si ce créancier recevait satisfaction, l'action cesserait en même temps d'être recevable; l'intention de fraude ayant fait défaut à l'égard des autres créanciers. Cependant, si le créancier désintéressé ne l'avait été qu'afin qu'on pût facilement échapper à l'action, il n'y aurait pas lieu d'appliquer ce résultat, non plus que dans l'hypothèse où l'argent fourni par les autres créanciers aurait précisément servi à désintéresser le créancier contre lequel la fraude était primitivement dirigée.

Il est un cas où le tiers ne pourrait repousser

(1) L. 10, § 2.

l'action Paulienne dirigée contre lui, même en l'absence de toute complicité frauduleuse de sa part. Ce serait le cas où il contracterait avec le débiteur malgré que les créanciers de ce dernier l'aient averti de n'en rien faire. Il doit alors supporter les conséquences de son obstination (1).

Cette action est accordée contre les héritiers du tiers et ses successeurs à titre universel, mais jusqu'à concurrence seulement de ce dont l'acte accompli par leur auteur a pu les enrichir; s'il était arrivé qu'ils eussent pris part à la fraude de leur auteur, ils seraient tenus intégralement (2).

Il n'est pas nécessaire pour que l'action soit recevable contre le tiers que la chose frauduleusement acquise se trouve encore entre ses mains. Il pourrait même être poursuivi bien qu'il n'eût tiré aucun bénéfice de l'acte frauduleux dont un autre a profité à sa place. Un mandataire achète sciemment une chose vendue en fraude et la livre à l'esclave de son mandant. L'action refusée contre ce dernier sera au contraire valablement dirigée contre le mandataire.

L'action Paulienne sera recevable contre tout complice de la fraude, encore qu'il n'ait point contracté avec le débiteur : c'est ainsi qu'elle sera recevable contre le mari de mauvaise foi qui aurait reçu de sa femme une dot que le constituant aurait consentie en fraude de ses créanciers.

(1) L. 10, § 3.

(2) L. 10, § 25 (Venuleius L. 11, liv. 26 *Interdictorum*).

Le principe en vertu duquel l'action Paulienne n'est recevable que si le tiers a été complice de la fraude du débiteur souffre deux exceptions :

1° Si le tiers a acquis à titre gratuit;

2° Si le tiers est un pupille.

1°. — *Le tiers a acquis à titre gratuit.*

Il n'est pas nécessaire, dans ce cas, que le tiers soit complice de la fraude du débiteur pour que l'action soit recevable contre lui. Le motif de la loi se comprend sans peine; les créanciers luttent pour se soustraire à un dommage, le tiers pour conserver un bénéfice; la préférence accordée aux premiers est de toute équité (1).

Ainsi, lorsque l'acte frauduleux consiste en une donation, il n'y a pas lieu de s'inquiéter de savoir si le donataire est ou non de bonne foi, mais seulement si les créanciers éprouvent un préjudice dont la réparation passera avant le gain que le donataire pouvait espérer de la libéralité qui lui a été consentie.

Un héritier nécessaire acquitte les legs que le débiteur a mis à sa charge. Ses biens sont vendus, mais leur valeur est insuffisante pour payer les créanciers, les légataires pourront alors se voir opposer une action utile malgré qu'ils aient reçu de bonne foi la chose qui leur avait été léguée.

Ce n'est pas à dire, cependant, qu'il soit toujours sans intérêt de savoir si le donataire ou acquéreur

(1) L. 6, § 13.

quelconque à titre gratuit a été de bonne ou de mauvaise foi. Contre ceux qui sont de bonne foi, remarque Ulpien, l'action ne sera jamais accordée que jusqu'à concurrence de ce dont ils se sont enrichis; d'où nous devons conclure que les créanciers pourront attaquer les tiers acquéreurs de mauvaise foi, même au delà du profit que l'acte frauduleux peut leur avoir procuré.

Vénuléius fait l'application de ces règles à l'hypothèse où un homme aurait en fraude de ses créanciers constitué une dot à sa fille.

Le mari qui reçoit la dot ne reçoit point là une simple libéralité, elle ne lui est remise que pour faire face à certaines charges. Il acquiert, par conséquent, à titre onéreux, et les créanciers ne pourront agir contre lui qu'à la condition de prouver qu'il a pris part à la fraude dont le constituant voulait atteindre les droits de ses créanciers.

Si la femme est complice de la fraude, il est évident que l'action sera recevable contre elle, *quod si is* (le mari) *ignoraverit, filia autem scierit, tenebitur filia.* Si la mauvaise foi existe du côté du mari et du côté de la femme, l'action pourra être dirigée contre chacun d'eux, *si vero uterque scierit, uterque tenebitur*. Mais nous rencontrons une difficulté dans la question de savoir si, vis-à-vis de la femme, la dot doit être considérée, ou non, comme une libéralité. Vénuléius continue ainsi : *At si neuter scierit, quidam existimant, nihilominus in filiam dandam actionem quia intelligitur quasi ex donatione aliquid ad eam pervenisse; aut certe cavere eam debere quod consecuta fuerit, se restituram.* Bien que ce jurisconsulte ne nous donne point cette opinion comme étant la sienne, nous ne voyons rien dans les termes qu'il emploie qui nous puisse amener à conclure qu'il la repousse. C'est cependant ce que pense un auteur fort estimable, M. Demangeat, qui n'admet pas que la fille dotée par son père reçoive de lui une pure libéralité.

Le savant professeur invoque à l'appui de son opinion le texte de la loi 14, à notre titre, au texte de laquelle il fait subir une transformation. *Ergo,* dit Ulpien, *et si fraudator pro filia sua dotem dedisset* SCIENTI *fraudari creditores; filia tenetur ut cedat actione de dote adversus maritum.* Le mot SCIENTI semblerait dans cette phrase, dit M. Demangeat, se rapporter au mari; mais alors pourquoi au lieu d'agir contre lui, obliger la femme à céder son action *de dote?* On ne peut non plus interpréter cette phrase en ce sens que la femme serait dépouillée de son action en restitution de dot à l'égard de son mari qui a été obligé de rendre les biens dotaux; les mots *tenetur ut cedat actione......* s'opposent à cette interprétation. Il faudrait lire alors dans le texte SCIENTE au lieu de SCIENTI : « Ulpien suppose la femme de mauvaise foi et le mari de mauvaise foi, alors l'action Paulienne ne peut être dirigée contre le mari pour qu'il ait à rendre les choses dotales, elle peut-être accordée contre la femme pour qu'elle ait à céder son action *rei uxoriæ.* Ainsi entendu, le texte montrerait que, du moins dans l'opinion d'Ulpien, la femme, comme le mari, n'est passible de l'ation Paulienne qu'autant qu'elle a su *fraudari creditores.* »

Cette doctrine pourrait peut être encore invoquer les lois Pappiennes et les constitutions Impériales qui ont fait une obligation civile pour les parents de doter leurs enfants (1).

Nous penchons cependant à croire que la femme qui reçoit une dot acquière à titre lucratif comme un donataire. L'interprétation fournie par M. Demangeat est trop peu sûre, ainsi qu'il le reconnait lui-même, pour établir une théorie qui contredit formellement la loi 20 au Code *de donationibus propter nuptias,* d'où il résulte que les Romains regardaient la constitution de dot comme de véritables libéralités. Il en faut conclure que l'action Paulienne sera recevable contre la femme indépendamment de toute idée de complicité de sa part.

Le mari de mauvaise foi, obligé de restituer la dot aux créanciers, a-t-il un recours contre le constituant? Vénuléius distingue; il aura la *condictio indebiti* s'il a payé avant toutes poursuites, mais tout recours lui sera refusé s'il s'est laissé poursuivre et a été condamné, car il est tenu alors de *l'actio judicati* après laquelle la *condictio indebiti* n'est plus opposable. *Ex quibusdam tamen causis repeti non potest quod per errorem non debitum solutum sit, sic namque definierunt veteres ex quibus causis inficiando eis crescit ex iis causis non debitum solu-*

(1) L. 14, Dig. *de Jure dotium,* L. 19, Dig. *de Jure nuptiarum,* L. 7 au Code, *de dotis promissione.*

tum repeti non posse, veluti ex lege Aquilia, item ex legato, et ajoutons avec le § 171 du commentaire III de Gaius, *l'actio judicati*.

Si la dot avait été constituée par un étranger, l'action Paulienne pourrait être dirigée contre le père de la femme, mais seulement s'il était de mauvaise foi. L'action *rei uxoriæ* ne constitue point en effet une libéralité à son profit, car bien que le père, *adjuncta filiæ persona*, ait cette action, si le mariage vient à être dissous par le divorce, il n'a point la libre disposition de la dot de la femme, il devra la garder pour lui faciliter un nouvel établissement.

Le même jurisconsulte Vénuléius nous signale à la loi 25, § 1, une autre application de ce principe, en vertu duquel l'action Paulienne est recevable à l'encontre des tiers, indépendamment de toute idée de fraude de leur part, si l'acte attaqué constitue à leur égard une simple libéralité.

Un créancier, en fraude de ses propres créanciers, consent une acceptilation à son fidéjusseur, lequel est de mauvaise foi. Si le débiteur principal se trouve également être de mauvaise foi, tous deux seront soumis à l'action Paulienne, sinon celui là seul qui aura été *conscius fraudis*. Cependant, en cas d'insolvabilité du fidéjusseur, l'action serait accordée contre le débiteur principal, encore qu'il eût été de bonne foi. En effet, si l'acceptilation n'avait point été consentie, le créancier pourrait attaquer le débiteur principal en cas d'insolvabilité du *fidéjusseur*. L'acte frauduleux intervenu entre le *frau-*

dator et le *fidéjusseur* ne doit point profiter au débiteur principal au préjudice des créanciers. Il trouverait là en effet une cause injuste d'enrichissement. Il est juste de l'obliger à contracter une obligation nouvelle qui remplace la première.

Mais l'*acceptilation* est consentie au débiteur de mauvaise foi, le fidéjusseur reste tenu s'il a été *conscius fraudis*, il est libéré dans le cas contraire. Le *fidéjusseur* reçoit moins en effet un bénéfice, qu'il n'évite une occasion de perte, car il n'est obligé qu'accessoirement et pouvant recourir contre le débiteur principal, il ne doit point, en fin de compte, supporter le fardeau de la dette.

En raison de l'identité de situation qui existe à l'égard des différents débiteurs solidaires, chacun d'eux recevrait en cas *d'acceptilation*, une véritable libéralité ; il y a lieu, dès lors, à appliquer l'action Paulienne sans faire de distinction entre la bonne ou la mauvaise foi de celui à qui la remise a été consentie.

2° — *Le tiers acquéreur est un pupille.*

La seconde exception au principe posé au commencement de ce chapitre : l'action Paulienne n'est recevable qu'à l'encontre des tiers qui ont participé à la fraude du débiteur, découle du texte du § 10 de la loi 10 de notre titre. Si on contracte avec un pupille, un insensé, ou toute autre personne incapable de volonté, cette condition de complicité étant très-difficile, sinon impossible à concevoir de la part de ces personnes, les créanciers eussent le plus souvent été privés de tout recours. Si donc le tuteur (ou le curateur) qui assistait le pupille était de mauvaise foi, l'action Paulienne sera donnée contre lui. Elle pourra même l'être contre le pupille, car son inexpérience ne peut être pour lui une source d'avantages au détriment de ses créanciers. Cependant comme la loi devait assurer à l'incapable une certaine protection, il nous faut remarquer avec Doneau que le pupille ne sera jamais tenu à l'encontre des créanciers que jusqu'à concurrence de l'enrichissement qu'il a retiré de l'acte frauduleux.

Si un esclave (ou un fils de famille) a contracté de mauvaise foi avec un débiteur qui agissait en fraude de ses créanciers, le maître (ou le père) de bonne foi ne sera tenu de l'action *in rem verso* que jusqu'à concurrence du bénéfice qu'il a retiré de l'opération. L'action *de peculio* pourra en outre lui être applicable.

Du sous-acquéreur. Il faut appliquer à l'égard du sous-acquéreur les mêmes solutions que celles qu'on appliquerait à l'acquéreur primitif. Il importera par conséquent d'examiner à son égard suivant qu'il a été de bonne ou de mauvaise foi, qu'il a acquis à titre onéreux ou à titre lucratif. Remarquons, en outre : 1° que le sous-acquéreur ne peut jamais être tenu que dans le cas où le premier acquéreur le serait lui-même, 2° que si l'action n'est pas recevable contre lui, par exemple parce qu'il a acquis à titre onéreux et de bonne foi, elle peut l'être contre le premier acquéreur qui devra rembourser aux créanciers le préjudice que cet acte leur a fait éprouver.

§ II.

DE L'ACTION PAULIENNE DIRIGÉE CONTRE LE DÉBITEUR

Quoique le débiteur dont le patrimoine avait été vendu fût libéré jusqu'à ce qu'il ait acquis de nouveaux biens, on admettait cependant qu'en certaines circonstances l'action Paulienne pût être dirigée contre lui. C'était le cas où, ayant depuis la vente acquis de nouveaux biens, il les avait frauduleusement dissipés au lieu d'en faire profiter ses créanciers, et dans des cas tels qu'il serait impossible de recourir contre les tiers, par exemple dans le cas où il aurait employé ses biens à de folles dépenses.

L'effet de cette action était de lui enlever le bénéfice qui résultait pour lui de la cession de biens, de n'être point soumis à la contrainte par corps. En accordant cette action, le Préteur a bien plutôt en vue le châtiment qui doit en résulter pour le débiteur de mauvaise foi, que le profit que les créanciers en pourront retirer.

CHAPITRE VI.

DES EFFETS DE L'ACTION PAULIENNE

L'action Paulienne produit un effet général, celui de remettre les choses dans l'état où elles seraient si l'acte frauduleux n'avait pas été commis. Cet effet ne se produit jamais qu'à l'égard des créanciers et seulement dans la limite de leurs intérêts ; le débiteur ne peut se prévaloir de la révocation.

Mais les effets particuliers de ce mode de recours diffèrent suivant le caractère des actes dont on poursuit la révocation et il importe de faire des distinctions à cet égard.

§ I.

L'ACTION EST DIRIGÉE CONTRE CELUI QUI POSSÈDE.

Le tiers acquéreur doit restituer la chose qu'il a reçue et n'a point, en principe, le droit de réclamer le prix qu'il a payé.

Toutefois Vénuléius apporte un tempérament à ces principes trop rigoureux ; il décide qu'on restituera à l'acheteur son prix d'acquisition, à la condition cependant que les écus qu'il a payés se trouveront encore en nature parmi les biens du débiteur, et il donne pour motif de cette décision, que personne ne doit s'enrichir aux dépens d'autrui, *quia ea ratione nemo fraudetur.* Cette décision ne se comprend que si le prix de vente est inférieur à la valeur réelle du bien aliéné, autrement les créanciers auraient autant d'avantage à se payer sur cet argent qu'à réclamer le bien aliéné en restituant le prix d'aliénation.

La restitution doit comprendre non seulement la chose aliénée, mais encore tous les accessoires, fruits et produits. *Per hanc actionem res restitui debet cum sua scilicet causa.*

Mais quels sont les fruits que doit restituer le

tiers acquéreur? La question est délicate et ne peut se résoudre, il nous semble, que par une distinction entre l'action Paulienne et l'interdit fraudatoire.

Le créancier, s'il avait recours à l'interdit, pouvait réclamer les fruits perçus depuis qu'il l'avait obtenu du préteur, de même que les fruits antérieurs restreints seulement à ceux qui étaient pendants par branches et racines au moment de l'aliénation. C'est là une dérogation au principe d'après lequel, en matière d'interdit, les fruits ne sont jamais dus pour une époque antérieure à l'obtention de l'interdit, sauf de rares exemples, mais plutôt à partir de l'obtention seulement. *In interdictis*, dit Ulpien, *exinde ratio habetur fructuum ex quo edita sunt, non retro.* Il n'y avait point, du reste, à distinguer, ainsi que l'observe Labéon, entre les fruits mûrs à cette époque et ceux qui ne l'étaient pas. Et il en donne la raison : le fonds et les fruits qui y adhérent ne sont qu'une même chose, il n'y a pas deux aliénations distinctes, celle du fonds, celle des fruits, mais bien une seule, l'aliénation du fonds garni de fruits.

Cette distinction entre les fruits pendants par branches et par racines au jour de l'aliénation et ceux perçus depuis, n'était point admise quand on avait recours à l'action Paulienne. Cette différence découle en effet de la loi 25 qui n'a trait qu'à l'interdit ; ce qui le prouve, c'est qu'elle a été tirée d'un ouvrage de Vénuléius sur les interdits. Les autres lois, au contraire, concernant la restitution des fruits, n'ont trait qu'à l'action Paulienne. Telles sont les lois 10, § 19 et 20 à notre titre et 38, § 4, *de Usuris*, au Digeste. Cette distinction s'explique par la différence qui existait entre ces deux voies de recours. L'interdit n'était donné qu'à l'effet d'obtenir la restitution des biens qui avaient été aliénés ; or la restitution n'atteignait que les biens qui s'étaient trouvés *in bonis debitoris* avant l'aliénation, condition que ne pouvaient remplir les fruits perçus depuis cette époque.

L'action Paulienne, au contraire, avait plus d'étendue, elle pouvait servir aux créanciers à obtenir un entier dédommagement du préjudice que l'aliénation frauduleuse consentie par le débiteur avait pu leur faire éprouver.

Cette différence entre l'action Paulienne et l'interdit fraudatoire n'aurait pas dû se rencontrer au Digeste après l'essai des compilateurs de fondre ensemble ces deux modes de recours. Du reste, sous Justinien, cette différence n'a plus aucun intérêt pratique, l'interdit a disparu et l'action l'a complètement remplacé.

L'action Paulienne obligeait, avons-nous dit, à restituer non seulement les fruits perçus depuis l'aliénation, mais encore ceux que le débiteur aurait perçus, s'il eût resté nanti de sa chose. Ces rigueurs ne s'appliquent cependant qu'au tiers acquéreur de mauvaise foi. Celui qui a acquis de bonne foi, s'il a contracté à titre onéreux, ne sera jamais tenu à aucune restitution, et s'il a reçu une libéralité, il ne devra restituer que ce dont il s'est enrichi. Il ne devrait donc, dans cette hypothèse, que les fruits perçus qu'il n'aurait pas consommés.

Qu'il soit d'ailleurs de bonne ou de mauvaise foi, le tiers acquéreur pourra faire rentrer en ligne de compte avec les fruits qu'il doit rendre, les dépenses et frais de culture qu'il a déboursés et ne pourra même être contraint, par l'*arbitrium judicis*, à aucune restitution tant qu'il n'aura pas reçu le montant de ce qu'il a déboursé. (1)

Les Romains ne considéraient point comme un fruit le part de l'esclave. — C'était un hommage qu'ils rendaient à la dignité humaine. — L'enfant d'une esclave aliénée en fraude des créanciers ne devra être restitué que s'il était déjà conçu au jour où la mère a été aliénée, cas auquel il pouvait être considéré comme faisant partie des biens du débiteur. Mais si la mère conçoit depuis l'aliénation et avant l'exercice de l'action Paulienne, le tiers ne sera point contraint de restituer l'enfant, celui-ci n'étant point *in bonis debitoris* quand sa mère a été frauduleusement aliénée. (2)

Enfin, en cas d'aliénation, les tiers peuvent, s'ils ont abandonné la possession de la chose aliénée, être contraints de céder l'action qui leur est ouverte pour la recouvrer.

C'est ainsi que la femme pourra être contrainte de céder l'action *rei uxoriæ* qu'elle a contre son mari, si les biens qui lui ont été constitués en dot

(1) L. 10. § 20. Dig.

(2) L. 10, § 2. Dig.

l'ont été en fraude des créanciers du constituant. (1) Un mandant charge Titius, son mandataire, de recevoir de lui une chose aliénée de mauvaise foi, ses créanciers pourront le contraindre à céder l'action *mandati* qu'il a contre son mandataire.

§ II.

L'ACTION EST DIRIGÉE CONTRE UN TIERS QUI NE POSSÈDE PAS

L'action Paulienne peut, ainsi que nous l'avons vu, être dirigée non seulement contre les aliénations, mais encore contre tous les actes qui nuisent aux créanciers du débiteur. Elle pourrait, par exemple, être efficacement dirigée contre *l'acceptilation* que le *defraudator* aurait, en fraude de ses propres créanciers, consentie à son débiteur. L'action aura pour effet, dans cette circonstance, de forcer celui auquel l'*acceptilation* a été consentie, à contracter une obligation nouvelle, soumise aux mêmes modalités, terme ou condition, que la première.

Si une obligation n'était garantie que par une action temporaire, les créanciers n'avaient pour agir que le temps qui restait au débiteur lui-même pour intenter son action. L'action, par exemple, ne pouvait plus être exercée que pendant un mois et le créancier, au lieu de l'exercer, consentait une acceptilation frauduleuse à son débiteur. Les créanciers

(1) L. 14. Dig.

peuvent contraindre le débiteur, frauduleusement libéré, à contracter une obligation nouvelle, mais ils n'auront pour le poursuivre ensuite que le délai d'un mois, lequel courra du jour de la *venditio bonorum.* (1)

L'action Paulienne devant remplacer les choses dans l'état où elles seraient, si l'acte frauduleux n'avait été accompli, tout bénéfice réalisé au détriment des créanciers du *defraudator* doit être rapporté. C'est ainsi que si la créance était productive d'intérêts, soit qu'ils courussent de plein droit, soit qu'ils fussent stipulés, le débiteur auquel la remise frauduleuse a été consentie devrait payer aux créanciers les intérêts qui ont couru depuis le jour où il a été libéré, jusqu'au jour où agissant par le moyen de l'action Paulienne, les créanciers l'ont obligé à payer. Ces intérêts seront toujours dus, même par le débiteur qui aurait de bonne foi reçu la remise de sa dette. Pothier en donne cette raison que si le droit aux fruits n'existait pas encore au jour de l'aliénation, le droit aux intérêts existait déjà au jour où la remise de la dette a été consentie. La loi 44, § 1, *ad S. C. Trebell*, reproduit la même idée.

CHAPITRE VII

DURÉE DE L'ACTION PAULIENNE

Les créanciers lésés peuvent intenter l'action Paulienne durant une année utile, laquelle com-

(1) L. 10, § 23, h. t.

mence à courir du jour de la *venditio bonorum* (1).

Ulpien apporte un tempérament à cette règle rigoureuse; l'action était encore recevable pendant trente ans après l'année utile, mais jusqu'à concurrence seulement du profit que le tiers pouvait avoir retiré de l'acte frauduleux. Le Préteur regardait en effet comme une injustice qu'on pût tirer profit d'un acte qui, pour d'autres personnes, avait été la cause d'un préjudice injuste.

Le point de départ de cette action a laissé quelques doutes.

Proudhon (2) a prétendu que ce délai d'une année devait courir du jour où l'acte qui y donne lieu avait été accompli : « C'est en effet une chose bien constante, dit-il, que le Préteur en n'accordant qu'une année utile pour proposer cette action, ait voulu en limiter la durée par une très-courte prescription, tandis qu'en adoptant le sentiment de ces interprètes, cette prescription n'aurait plus eu de limites, en ce que le créancier pouvant retarder indéfiniment la discussion des autres biens de son débiteur, aurait été le maître de reculer ainsi à volonté les bornes de la prescription que le Préteur aurait voulu resserrer dans un très-court espace de temps. »

Nous ne croyons pas cependant que cette opinion puisse se soutenir en présence du texte très-formel des lois 6, § 14, et 10, § 18. D'ailleurs, comme

(1) L. 6 et 10, § 18.

(2) *Traité de l'usufruit* (n° 2401).

l'exercice de l'action Paulienne suppose la discussion et la vente préalables des biens du débiteur, les créanciers ne peuvent recourir contre les tiers qu'une fois ces formalités accomplies.

DROIT ANCIEN

La législation romaine que nous venons d'étudier relativement aux actes frauduleux passés par un débiteur, avait-elle pénétré dans notre ancienne France et les principes de l'action Paulienne y avaient-ils été admis? La négative ne semblerait pas douteuse à en croire Rousseau de Lacombe qui écrivait : « Nous ne suivons en aucun point le titre *quæ in fraudem creditorum*, au Digeste, non plus que le titre *de his revocandis*, au Code. Nous n'avons d'autre moyen de nous garantir contre les aliénations consenties par le débiteur en fraude de ses créanciers, que l'action en déclaration d'hypothèque pour les fonds, les oppositions, etc. Nos usages sont même contradictoirement opposés aux lois romaines sur ce point. » — Lebrun et Ferrières partageaient cet avis.

Il serait toutefois étonnant que le Droit romain fût resté sans influence à cet égard sur notre ancienne législation. Nier aussi complètement l'existence de l'action Paulienne, semblait à Merlin une exagération. Il est difficile, en effet, de comprendre dans une société tant soit peu civilisée, l'absence de toute voie de recours qui assure aux créanciers la sauvegarde de leurs droits contre la mauvaise foi de leur débiteur.

« Nous prouverions facilement que ces lois relatives à l'action Paulienne ne sont pas aussi étrangères à nos usages que l'a prétendu Rousseau de Lacombe (1). »

Merlin aurait pu en demander la preuve :

1° A Pothier, qui, au § 153 de son traité sur les *Obligations*, fait l'application des principes de l'action Paulienne, sans émettre aucun doute sur son existence.

2° A Domat qui, au livre II de ses lois civiles, consacre à notre matière le titre X, intitulé : *De ce qui se fait en fraude des créanciers.*

Coquille constate sinon l'existence de l'action Paulienne, du moins son utilité. « *Ce que ie n'ai encore veu prattiquer, mais pour que cela est fondé en grande raison et au droict romain, ie croy qu'il peut estre prattiqué, car celuy qui est participant de fraude, mérite d'estre puny et celuy qui a droict à titre lucratif ne reçoit avantage que de faire gaigner autruy avec son dommage.* »

D'un autre côté, plusieurs Coutumes consacrent l'application de l'action Paulienne. L'article 312 de la coutume de Melun, s'exprime, à cet égard, d'une manière qui mérite d'être rapportée : « Meubles » n'ont pas de suite par hypothèque, quand ils sont

(1) Questions de Droit. Expropriation, n. V.

» mis sans fraude hors de la puissance du débi-» teur. » Cette restriction ne fait-elle pas bien nettement sentir que si l'aliénation était frauduleuse, les créanciers pourraient exercer leur droit de gage sur les biens de leur débiteur ainsi aliénés ?

Nous devons reconnaître cependant que l'action Paulienne fut peu employée dans notre ancienne jurisprudence, ce qui explique très probablement pourquoi on en a nié l'existence. Coquille, arme de cette voie de recours la main des créanciers, mais avoue qu'il ne l'a « *encore veu prattiquer.* » Domat nous indique ainsi le motif de la rareté de son application : « Il faut remarquer, sur cette matière des fraudes qui se font au préjudice des créanciers, que les fraudes que peuvent faire les débiteurs par les dispositions de leurs immeubles sont bien moins fréquentes parmi nous qu'elles ne l'étaient dans le Droit romain. Car on y contractait souvent sans écrit, et l'hypothèque même, pouvait s'acquérir par une convention non écrite et par un simple pacte, ce qui rendait les fraudes faciles. Mais par notre usage, toutes les conventions qui excèdent cent livres doivent être écrites, et l'hypothèque ne s'acquiert que par acte passé devant notaire ou l'autorité du juge. »

Ainsi, tout acte notarié emportait hypothèque sur les biens présents et à venir du débiteur, les créanciers pouvaient alors poursuivre la chose hypothéquée entre les mains des tiers détenteurs. Les rentes et offices eux-mêmes pouvaient s'hypothéquer. En outre, une déclaration de 1702 protégeait les droits des créanciers des faillis. Elle contenait, en effet, une disposition (aujourd'hui en partie conservée), qui annulait les actes passés par le failli dans les dix jours qui ont précédé la déclaration de faillite. Les aliénations, les obligations, les concessions de droits réels étaient entachées de nullité. Les jugements eux-mêmes, rendus contre le failli pendant cette époque, n'emportaient pas d'hypothèque générale sur ses biens.

On comprend alors que par suite de toutes ces mesures et de toutes ces précautions, le rôle de l'action Paulienne se soit trouvé tellement effacé, qu'on ait pu arriver à en nier l'existence.

D'après le témoignage de Domat, l'action Paulienne, dans notre ancienne jurisprudence, était une action personnelle. L'auteur des lois civiles la classe au nombre des obligations qui se forment sans convention ; parmi les engagements qui naissent de la fraude et obligent envers les créanciers ceux qui y participent.

L'ordonnance de 1673 sur le commerce (Titre XIV, article 4), et la déclaration de novembre 1677, posent les principes de cette action. L'ordonnance de 1747, article 42, sur les substitutions, reproduit encore les mêmes règles.

On peut même dire, qu'à certains égards, l'ancien Droit français avait étendu la mesure d'application de l'action Paulienne au-delà de celle que les Romains lui avaient accordée. L'art. 278 de la coutume de Normandie consacrait le principe qui se retrouve aujourd'hui dans l'article 788 de notre

Code et d'après lequel des créanciers pouvaient attaquer comme frauduleux la renonciation que le débiteur aurait faite à une succession qui lui est échue. « Ce qui a été sans doute établi, dit Boutaric (1), comme une suite de cette maxime générale du royaume, par laquelle *le mort saisit le vif.* » Cette différence entre le Droit romain, d'une part, et de l'autre le Droit ancien et le Droit moderne, tiendrait, suivant quelques auteurs, à des différences de principes sur les effets de l'acceptation des successions. A Rome, disent-ils, l'héritier institué ne devenait propriétaire des biens de la succession qu'en faisant adition d'hérédité ; s'il la répudiait, il n'aliénait pas, c'était là simplement de sa part un refus d'acquérir. Au contraire, dans notre ancien droit, ainsi que dans le droit actuel, par suite de la maxime *le mort saisit le vif*, tout héritier devient propriétaire par le seul fait du décès de son auteur, de sorte que s'il renonce à la succession, il diminue son patrimoine, ce qui donne lieu à l'application de l'action Paulienne. — Mais cette explication pèche. Elle ne s'applique, en effet, qu'à l'héritier *externe* et laisse de côté l'héritier *nécessaire* investi de plein droit, et surtout le légataire appelé *per vindicationem* qui est propriétaire de la chose ainsi léguée et peut réclamer son legs par la *rei vindicatio*, ce qui implique de sa part la qualité de propriétaire. Pour nous, nous préférons reconnaître la raison de cette dissemblance dans la difficulté de faire une séparation bien exacte entre deux classes de faits, ceux qui

(1) *Inst. conf. avec le droit franc.*

constituent de véritables aliénations et ceux qui ne sont que des refus d'acquérir. Les deux législations ont établi cette démarcation sans s'entendre cependant sur l'étendue qu'elles devaient lui donner.

Pour que la renonciation fût soumise à l'action Paulienne fallait-il nécessairement qu'elle fût frauduleuse? L'article 42 de l'ordonnance de 1747 semblait faire supposer que la fraude du débiteur ne serait point une condition nécessaire, d'où plusieurs jurisconsultes avaient conclu que la loi n'exigeait ici qu'une seule chose, un préjudice éprouvé par les créanciers. Boutaric, De Serres, Furgole dans son commentaire sur cette ordonnance, faisaient remarquer cette différence entre le Droit romain et le droit français.

On peut cependant citer comme contraire à cette opinion celle de Domat qui, outre qu'il se réfère au Droit romain, a soin d'indiquer en marge du paragraphe où il traite des conditions requises pour la recevabilité de l'action Paulienne, qu'il s'agit d'aliénations frauduleuses.

Pothier, dans son Traité de la Communauté exigeait également cette condition de fraude : « *Si la femme avait en* FRAUDE DE SES CRÉANCIERS *renoncé à une communauté avantageuse... de même que lorsqu'un héritier a renoncé à une succession* EN FRAUDE *de ses créanciers.* Les termes de l'ordonnance de 1747 ne l'empêchèrent même pas, dans son Traité sur les substitutions, d'exiger pour exercer l'action Paulienne les mêmes conditions que le Droit romain exigeait aussi.

DROIT CIVIL FRANÇAIS.

L'article 1167 du Code civil est ainsi conçu :

« Ils peuvent aussi (les créanciers), en leur nom » personnel, attaquer les actes faits par leur débi» teur en fraude de leurs droits.

» Ils doivent néanmoins, quant à leurs droits » énoncés au titre des *successions* et au titre du » *contrat de mariage et des droits respectifs des* » *époux*, se conformer aux règles qui y sont pres» crites. »

Telle est la seule disposition qui remplace dans notre Code les textes nombreux du Digeste. De même que dans notre ancienne jurisprudence, les commentateurs modernes ont conservé à cette action le nom d'action *Paulienne* qu'elle avait en Droit romain.

C'est à bon droit, suivant nous, car ce sont les principes de la législation romaine, que le laconisme de nos législateurs nous oblige à suivre pour nous guider dans cette étude. Prendre les principes du Digeste pour les mettre d'accord avec les principes nouveaux établis par le législateur français, tel nous paraît être le but auquel doivent tendre tous les efforts d'application que nous consacrerons à ce travail.

Nous suivrons dans l'étude de notre législation, à peu près la même marche que celle que nous avons suivie en Droit romain.

Nous examinerons donc successivement :

1° Le fondement et la nature de l'action Paulienne.

2° Quels sont les créanciers qui peuvent l'intenter.

3° Quels sont les actes auxquels elle s'applique.

4° Quelles sont ses conditions d'exercice.

5° Quels sont ses effets.

6° Quelle est sa durée.

CHAPITRE Ier.

DE LA NATURE DE L'ACTION PAULIENNE. SUR QUEL FONDEMENT EST-ELLE ÉTABLIE ?

L'action Paulienne est une voie de recours accordée à des créanciers contre les actes que leur débiteur a fait en fraude de leurs droits.

Tout le monde s'accorde à reconnaître à l'action Paulienne un même fondement. Les créanciers en n'exigeant pas de garantie spéciale de la part de leur débiteur ont suivi sa foi ; pleins de confiance en sa probité, la pensée qu'ils ont eue, qu'il ne ferait rien pour porter atteinte à leurs intérêts, a fait qu'ils se sont contentés du droit de gage général que les art. 2092 et 2093 accordent aux créanciers sur les biens de leur obligé. Les dettes que celui-ci a contractées n'ont diminué en rien sa capacité, il continuera à administrer son patrimoine aussi librement que s'il n'avait jamais eu de créanciers. Il est censé les représenter dans tous les actes qu'il passe, sans que cependant cela soit un obstacle à sa liberté d'agir. Cette règle devait avoir une juste limite. Du jour, en effet, où trahissant le mandat tacite que ses créanciers lui ont confié, il agit pour compromettre leurs droits, il ne les représente plus C'était alors de toute justice d'accorder à ces derniers un recours contre des actes au sujet desquels on ne pouvait les considérer comme ayant donné mandat de les accomplir. Tel est à l'égard du débiteur le fondement de l'action Paulienne.

Vis-à-vis des tiers qui ont contracté avec le débiteur, une distinction est nécessaire. Si le tiers est de mauvaise foi, qu'il ait contracté à titre gratuit ou à titre onéreux, il s'est rendu coupable d'un quasi-délit en prenant part à la fraude que le débiteur méditait contre ses créanciers et en l'aidant à accomplir ses projets déshonnêtes. Il cause ainsi un préjudice à ces créanciers, il leur en devra réparation en vertu des termes si connus de l'article 1382 : « Tout fait quelconque de l'homme qui cause à autrui un dommage, oblige celui par la faute duquel il est arrivé à le réparer. » Ou bien le tiers est de bonne foi, s'il a contracté à titre onéreux, l'action Paulienne ne sera point recevable contre lui ; mais s'il a acquis à titre gratuit il reste tenu en vertu de ce principe d'équité que *nul ne doit s'enrichir aux dépens d'autrui*. Entre le tiers-acquéreur qui combat *de lucro captando* et les créanciers pour lesquels il s'agit d'éviter une perte, la loi n'avait point à hésiter.

Le fondement de l'action Paulienne ainsi établi, quelle est la nature de cette action? Est-elle réelle, personnelle ou mixte?

Etablissons d'abord qu'il est certains cas dans lesquels la question ne peut faire aucun doute. Il est évident que l'action Paulienne sera personnelle toutes les fois qu'il s'agira d'attaquer une obligation que le débiteur a contractée de mauvaise foi, ou une remise de dette qu'il a consentie à ses propres débiteurs afin de fruster ses créanciers du montant de sa propre créance. Il est en effet impossible de découvrir dans ces actes les éléments nécessaires à l'existence d'une action réelle. Tenir compte aux créanciers du profit retiré ou du dommage causé par ces actes, telle est ici l'obligation des tiers.

Mais l'action Paulienne tendant à faire révoquer une aliénation, est-elle personnelle ou réelle?

Trois systèmes ont été proposés.

1er *système.* — En cas d'aliénation, l'action Paulienne est une action réelle. Quel est, disent les partisans de ce système, le fondement de cette action? Réparer une injustice, faire que les créanciers du débiteur soient mis au même et semblable état que si l'acte frauduleux n'avait point été commis; or ce résultat ne sera obtenu, que, si les créanciers du débiteur parviennent à faire considérer le bien aliéné comme étant resté dans le patrimoine du débiteur, auquel toute aliénation portant atteinte à leurs droits était interdite. Grâce à ce résultat, les créanciers du *defraudator* viendront se faire payer sur ses biens aliénés en fraude de leurs droits de préférence aux créanciers personnels du tiers; tandis que si l'action était personnelle, en cas d'insolvabilité de ce dernier, ils n'obtiendraient qu'un dividende et leurs droits se trouveraient compromis.

Nous repoussons cependant l'application de ce système. Nous ne croyons point, en effet, que le débiteur soit incapable de consentir une aliénation, car nous ne trouvons dans la loi aucun texte qui le déclare incapable. Le bien aliéné a donc bien quitté son patrimoine pour rentrer dans celui du tiers acquéreur. Or quel est, avons-nous dit, le fondement de l'action Paulienne ? C'est le fait par le tiers d'être le complice de l'aliénation frauduleuse que le débiteur voulait consentir au préjudice de ses créanciers, c'est-à-dire un quasi-délit, et un quasi-délit est simplement productif d'obligations.

Reconnaître ici un droit réel au profit des créanciers ce serait leur accorder un droit de suite sur les biens du débiteur. Or, la fraude dont le débiteur s'est rendu coupable a-t-elle pu engendrer un droit de cette espèce? Il n'est pas difficile de démontrer le contraire. Si les créanciers avaient un droit de suite, ils pourraient agir contre tout tiers détenteur, qu'il soit de bonne ou de mauvaise foi. Cette distinction serait sans intérêt pour un créancier hypothécaire, ou pour toute personne qui aurait obtenu du débiteur la concession d'un droit réel; nous verrons cependant que l'action Paulienne ne sera point recevable contre le tiers de bonne foi qui aura acquis à titre onéreux, ce qui prouve que ce droit de suite n'existe pas.

Bien plus, l'action Paulienne peut être dirigée

contre celui qui ne possède pas. Qu'on suppose qu'un tiers acquéreur de mauvaise foi ait transmis à son tour la chose frauduleusement aliénée à un sous-acquéreur qui l'ait acquise de bonne foi et à titre onéreux. Si ce dernier est à l'abri de toute poursuite, l'action Paulienne pourra être valablement dirigée contre le premier acquéreur; elle aura pour objet d'obtenir de lui une réparation du préjudice que sa complicité à l'acte frauduleux aura causé. On ne peut cependant soutenir qu'une action de ce genre soit une action réelle. La mauvaise foi, tel est ici le fondement de l'obligation du tiers acquéreur; les créanciers ne se présentent contre lui que munis d'un droit personnel.

2e *système.* — Suivant Proudhon (1) l'action Paulienne serait une action mixte, c'est-à-dire à la fois personnelle et réelle, *personalis in rem scripta.*

1° Personnelle. — Il s'agit de prouver à l'encontre du débiteur les manœuvres frauduleuses dont il s'est rendu coupable et à l'encontre des tiers acquéreurs leur complicité à ces manœuvres.

2° Réelle. — Puisqu'elle peut être dirigée contre un tiers possesseur qui, personnellement, ne doit rien au créancier du *defraudator.* « Sous ce dernier point de vue l'action du créancier obtient un effet semblable à celui de l'action réelle et l'on doit la considérer comme une revendication utile de la chose. »

« Nous disons un effet semblable et non identi-

(1) Traité de l'usufruit.

que, car le créancier, n'ayant droit de reprendre de la chose ou sur la chose, que jusqu'à concurrence de ce qui lui est dû, son action ne serait pas *rei persecutoria*, commé le serait celle du maître qui revendiquerait son héritage. »

3e *système*. — Enfin, dans un troisième système que nous adopterons, l'action Paulienne est toujours une action personnelle. Telle avait été sa nature à son origine en Droit romain ; ce ne fut que plus tard qu'à côté de l'action personnelle vint s'ajouter une action réelle. Domat lui reconnaît également ce caractère d'action personnelle : « Quoique les fraudes au préjudice des créanciers se forment souvent par des conventions entre les débiteurs et ceux qui sont avec eux d'intelligence, les engagements qui naissent de ces fraudes et qui obligent envers les créanciers ceux qui y participent ne laissent pas d'être du nombre des engagements qui se forment sans convention. »

L'action Paulienne a pour cause une obligation contractée par le tiers, obligation qui consiste à payer une indemnité, qui sera la réparation du préjudice causé, s'il y a fraude ; la restitution de ce dont il s'est enrichi aux dépens d'autrui, s'il est de bonne foi. L'action Paulienne, en cas d'aliénation, n'aura donc pas pour effet de faire rentrer l'objet aliéné dans le patrimoine du débiteur, mais la loi, en cette circonstance, accorde aux créanciers la réparation la plus naturelle, la plus juste, celle qui doit satisfaire le plus complètement leurs intérêts compromis ; elle lève l'obstacle qui s'oppose à leurs poursuites et leur permet de faire saisir les biens, de les faire vendre et de se payer sur le prix, de la même manière que s'ils n'avaient pas été aliénés.

On fait à ce système plusieurs objections.

La preuve, dit-on, que l'action Paulienne n'est point une action personnelle, c'est que les créanciers contre lesquels la fraude a été dirigée, au lieu de venir partager au marc le franc avec les créanciers personnels du tiers acquéreur, si celui-ci est insolvable, se paieront du montant de leurs créances sur le prix de vente des objets frauduleusement aliénés. Ils sont ainsi préférés aux créanciers personnels du tiers ; or, ce droit de préférence ne peut résulter que d'un droit de gage qui est un droit réel. L'action Paulienne qui a pour objet l'exercice d'un droit réel doit participer nécessairement à ce caractère.

Nous répondrons qu'il n'est point nécessaire de voir les créanciers du *defraudator* munis d'un droit réel, pour expliquer la préférence dont ils sont l'objet. Un créancier ne peut se faire payer que sur les biens qui appartiennent à son débiteur et il ne peut se prévaloir que des droits que ce dernier pourrait invoquer lui même. Or précisément, armés de l'action Paulienne, les créanciers du *defraudator* viennent prétendre que le tiers n'a point, sur les biens qu'il a frauduleusement acquis, de droit qu'il puisse leur opposer. Les droits que le tiers peut avoir acquis sur ces biens ont été viciés dès leur origine ; de ce vice résulte l'impuissance où il se trouve de ne pouvoir s'opposer à la saisie des créanciers du *defraudator*. Or, ses créanciers personnels, ses ayant-cause, ne sauraient avoir plus de droits que lui, ils ne peuvent invoquer un droit qu'il ne pourrait invoquer lui-même. L'action Paulienne conserve vis-à-vis d'eux la même force et les mêmes effets qu'elle avait vis-à-vis de celui dont ils sont les ayant-cause.

D'ailleurs, pourquoi le tiers acquéreur de bonne foi, mais à titre gratuit, se verra-t-il préférer les créanciers du *defraudator*? C'est, ainsi que nous le verrons plus tard, parce qu'il s'enrichirait à leurs dépens, résultat auquel la loi s'est opposée. Mais nous arriverions à un semblable résultat si les créanciers personnels du tiers, voyaient le patrimoine de leur débiteur s'accroître de biens sur lesquels ils n'ont pas dû compter, alors que cet accroissement ne leur profite qu'en blessant des intérêts aussi respectables que les leurs. Les créanciers personnels du tiers combattent de *lucro captando*, les créanciers du *defraudator* combattent de *damno vitando*. Nous rencontrons encore les mêmes raisons pour accorder la préférence à ces derniers.

Cet argument pourrait cependant faire naître contre le système que nous avons adopté une objection que nous devons prévoir. Si le tiers a acquis à titre onéreux, il a donné au *defraudator* une valeur équivalente à ce qu'il a reçu. Les créanciers personnels ne voient donc pas son patrimoine s'accroître au détriment des créanciers du *defraudator*, puisque le tiers donnait d'une main en recevant de l'autre. Il y a seulement compensation.

L'objection n'est pas aussi péremptoire qu'elle le paraît tout d'abord. Pierre vend à Paul un certain objet moyennant le prix que cet objet peut valoir. Les créanciers de Pierre n'auront point à se plaindre, ils trouveront dans le patrimoine de leur débiteur une valeur égale à celle qui en est sortie. Mais il arrive rarement qu'on consente à se rendre le complice de la fraude d'autrui et à risquer les chances d'une révocation de l'acte qu'on a consenti, si on n'a pas soi-même quelque intérêt à prendre part à la fraude. Il est donc bien probable que, dans l'espèce que nous avons supposée, Paul n'a pas payé à Pierre la valeur réelle de l'objet qu'il a acquis ; il a ainsi réalisé un bénéfice pour prix de sa complicité à la fraude, et c'est ce bénéfice que revendiquent comme indûment acquis les créanciers de Pierre.

Il existe un lien étroit entre l'art. 1167 et l'art. 1166 qui, placé dans la même section, consacre pour les créanciers la faculté d'exercer tous les droits et actions de leur débiteur à l'exception de ceux qui sont exclusivement attachés à la personne ; si bien, comme le remarque M. Demolombe, qu'on peut considérer chacune de ces théories comme faisant le *pendant* de l'autre. Il existe cependant entre elles une différence marquée. Tandis, en effet, que les créanciers intentent l'action de l'art. 1166 au nom de leur débiteur, ils agissent par l'action Paulienne en leur nom personnel, il en résulte que les tiers ne pourront se défendre en invoquant contre leur demande les exceptions qu'ils auraient pu opposer au débiteur. « Il est évident, en effet, dit

M. Larombière, qu'on ne peut se dire à la fois l'ayant cause et l'adversaire d'une même personne. Or telle serait la position des créanciers dans l'action Paulienne, si d'une part ils poursuivaient la révocation des actes frauduleux de leur débiteur, et si d'une autre ils ne faisaient qu'exercer ses droits. »

APPENDICE

DE L'ACTION EN DÉCLARATION DE SIMULATION

Il ne faut pas confondre avec l'action Paulienne un autre mode de recours accordé aux créanciers et qui tend à peu près au même but. Nous voulons parler de l'action en *déclaration de simulation*, qui a pour objet de faire déclarer non sérieux tout ou partie de certains actes, dont l'existence, si elle était réelle, porterait atteinte aux droits des créanciers. M. Larombière indique en ces termes la différence bien tranchée qui existe entre cette espèce de fraude et celle qui tombe sous l'application de l'action Paulienne : « Parmi les actes frauduleux, il en est qui doivent recevoir une exécution sérieuse, et qui sont destinés à être exécutés tels qu'ils apparaissent et existent. La fraude même dont ils sont le moyen ne peut et ne doit s'accomplir que par l'exécution qui leur est sérieusement donnée... Mais il en est d'autres qui ne sont frauduleux que parce qu'ils contiennent une dissimulation, un déguisement, une *simulation*. La perpétration de la fraude se consomme alors par le *mensonge des apparences* et la falsification de la vérité. » Paul vend à Pierre sa maison pour la somme de 10,000 francs, mais le contrat de vente porte que le prix n'est que de 7,000 francs, de sorte que Paul gardera par devers lui la somme de 3,000 fr. qui échappera à la saisie de ses créanciers. Ou bien Paul vend, ou donne ostensiblement sa maison à Pierre, tandis qu'une contre-lettre, tenue secrète, annulle la vente ou la donation. Ou bien, enfin, Paul reconnait avoir reçu de ses débiteurs le montant d'une dette qui ne lui a jamais été payée. Voilà autant de cas de simulation et on pourrait facilement en multiplier les exemples. Ce ne sont pas là des actes, mais bien plutôt des fantômes d'actes destinés à tromper la bonne foi des créanciers.

L'action en déclaration *de simulation* tend, en quelque sorte, à démasquer la vérité, à faire disparaître les fausses apparences dont le débiteur a entouré ses actes. Les créanciers n'agissent point ici en vertu du principe contenu dans l'article 1167. Ils n'ont pas besoin, en effet, de faire révoquer des actes qui, tant qu'à eux, n'existent pas, pas plus qu'ils n'existent à l'égard de personne ; c'est bien plutôt dans l'article 1166 qu'ils trouveront la base et le fondement de leur action. Ils prétendent exercer ici les droits de leur débiteur et de même que celui-ci pourrait faire valoir la non existence des actes qu'il a passés, ses créanciers ne font qu'invoquer les droits qu'il pourrait invoquer lui-même, si le complice de sa fraude venait à le trahir et voulait faire passer pour vrai ce qui n'est qu'un mensonge, pour une réalité ce qui n'est qu'un déguisement.

Plusieurs conséquences remarquables découlent de la nature différente de ces deux modes d'actions.

1° Il n'y a pas à distinguer dans l'action en simulation si le tiers est de bonne ou de mauvaise foi, ou plutôt, il est très-difficile, sinon impossible, d'après le caractère particulier de cette matière, de supposer la bonne foi.

2° Peu importe que les créanciers soient antérieurs ou postérieurs à l'acte entaché de simulation. Ils prétendent que le bien soi-disant aliéné est resté dans le patrimoine de leur débiteur et ils demandent à le saisir pour se faire payer sur le prix du montant de leurs créances.

3° Les créanciers ne sont point obligés de prouver l'insolvabilité de leur débiteur, en sorte que les tiers contre lesquels l'action est dirigée ne pourront leur opposer le bénéfice de discussion, ainsi que nous le verrons plus tard, au sujet de l'action Paulienne.

CHAPITRE II.

QUI PEUT EXERCER L'ACTION PAULIENNE.

L'action Paulienne peut être exercée par tous les créanciers ; la loi ne distingue pas. Ce sera surtout aux créanciers chirographaires qu'elle présentera de l'utilité, mais elle pourra également être invoquée par les créanciers hypothécaires, ou privilégiés, ou nantis d'un gage. Il faut simplement observer que, grâce aux sûretés spéciales que ces créanciers ont pris soin de stipuler, cette action leur sera d'un bien moindre secours ; ils pourront cependant l'invoquer, s'ils viennent à perdre les garanties qui leur ont été accordées, ou bien si ces garanties sont insuffisantes pour leur assurer le remboursement intégral de ce qui leur est dû.

Les créanciers à terme ou conditionnels peuvent-ils exercer l'action Paulienne avant l'échéance du terme ou l'accomplissement de la condition auxquels leurs créances sont soumises ?

La question ne nous semble faire aucun doute pour les créanciers à terme. L'action Paulienne a pour fondement la fraude dont le débiteur s'est rendu coupable. Celui-ci, dans l'espèce, a, en aliénant frauduleusement une partie de son patrimoine, diminué du même coup le gage qui assurait aux créanciers le montant de leurs créances. Or, l'article 1188 déclare déchu du bénéfice du terme le débiteur qui, par son fait, a diminué les sûretés de ses créanciers. Ceux-ci pourront par conséquent agir immédiatement, la dette étant devenue exigible, et l'action Paulienne sera recevable contre les actes consentis en fraude de leurs droits.

La question est plus délicate en ce qui concerne les créanciers conditionnels. Ceux-ci peuvent bien, il est vrai, faire tous les actes conservatoires de leurs droits éventuels, « mais, dit M. Capmas, quelque extension que l'on donne à ces termes, quelque compréhensifs qu'on les fasse, ils ne le seront jamais assez pour qu'on puisse les appliquer à l'action révocatoire qui est éminemment un acte d'exécution. D'ailleurs, il y aurait de graves dangers à permettre aux créanciers conditionnels de discuter actuellement les biens de leur débiteur, surtout pour les créanciers conditionnels qui, peut-être, ne seront jamais créanciers. » (1)

Nous n'adoptons pas cette opinion ; la fraude fait exception à toutes les règles ; les créanciers ont le droit de prendre toutes les mesures nécessaires pour sauvegarder leurs intérêts compromis. « On ne doit point admettre, dans aucune hypothèse, qu'un débiteur puisse impunément et par fraude nuire à ses créanciers, et où ceux-ci soient obligés de rester spectateurs immobiles de leur propre ruine. » (2) L'action Paulienne deviendra vis-à-vis du créancier conditionnel une mesure conserva-

(1) M. Capmas, des actes passés par le débiteur en fraude de ses créanciers, n. 69, 70 et 71.

(2) Proudhon, de l'usufruit, n. 2415.

toire et le tribunal devant lequel elle sera portée, au lieu de prononcer comme dans les cas ordinaires, la révocation de faits frauduleux, réservera les droits des créanciers et se bornera à exiger de la part du tiers des mesures conservatoires qui assurent aux créanciers le paiement intégral de leurs créances dans le cas où la condition à laquelle elles sont soumises viendrait à se réaliser.

L'action Paulienne appartient à tous les créanciers qui souffrent un préjudice de l'acte accompli par leur debiteur. Or les créanciers qui éprouvent ce préjudice sont ceux, seulement, dont la créance était antérieure à l'acte frauduleux ; seuls, en effet, ils étaient en droit de compter, pour assurer le paiement de l'obligation contractée à leur profit, sur le bien qui est sorti frauduleusement du patrimoine de leur débiteur. Au contraire, les créanciers postérieurs n'ont jamais pu espérer que leur gage porterait sur des biens déjà aliénés par leur débiteur lorsqu'il s'engageait vis-à-vis-d'eux. Ils ne peuvent donc se plaindre, dit M. Larombière, d'un acte frauduleux dont ils sont censés avoir volontairement accepté l'existence et encouru les conséquences préjudiciables.

Cependant, si les créanciers postérieurs à l'acte frauduleux avaient été subrogés aux droits des créanciers antérieurs, ou bien s'ils avaient prêté les fonds qui ont servi à les payer, ils seraient admis à exercer l'action Paulienne. Nous avons eu l'occasion de signaler en Droit romain une semblable solution.

Mais si les créanciers antérieurs à l'acte frauduleux n'ont pour titre de leur créance qu'un acte sous-seing privé, faut-il, pour que leur action soit opposable aux tiers, que leur titre ait acquis date certaine ?

Trois systèmes ont été proposés.

Dans un premier système, on soutient l'affirmative, en s'appuyant sur les termes formels de l'article 1328. Ceux qui ont contracté avec le débiteur sont des tiers par rapport aux créanciers, ils peuvent donc se prévaloir de cette disposition de la loi qui est générale et qui a pour but de parer aux inconvénients des antidates.

MM. Aubry et Rau enseignent un système opposé. Il suffit, d'après ces auteurs, de prouver « soit qu'une disposition à titre gratuit a été faite par le débiteur en état d'insolvabilité, soit qu'un acte à titre onéreux a été concerté entre le débiteur et un tiers dans le but de frustrer les créanciers. Vouloir soutenir le contraire, ce serait induire de l'article 1328 une conséquence contraire à son esprit..... L'établissement des faits ci-dessus énoncés écarte, en effet, dans cette hypothèse, tout soupçon de fraude de la part du demandeur, et doit avoir pour résultat de rejeter sur le défendeur la preuve de l'antidate dont il voudrait arguer. (1) »

Cette opinion nous paraît trop absolue ; nous préférons celle adoptée par M. Demolombe, qui

(1) MM. Aubry et Rau. — Code de droit civil (4e édition) § 313 note 15.

distingue suivant que les tiers ont été de bonne ou de mauvaise foi. Si la complicité des tiers à la fraude du débiteur est démontrée, le titre du créancier n'a pas besoin d'avoir à leur égard acquis date certaine. Celui dont la fraude et la mauvaise foi viennent d'être mises en évidence, serait bien mal venu à invoquer la protection de la loi qu'il a violée.

Mais si l'action Paulienne est dirigée contre un donataire de bonne foi, uniquement parce qu'il s'est enrichi aux dépens des créanciers du donateur, les créanciers devront présenter des titres qui ont acquis date certaine antérieurement à la donation. L'article 1388 conserve à l'égard de ce tiers toute son application, d'autant que le débiteur en colludant avec de prétendus créanciers, dont il antidaterait les titres, trouverait ainsi un moyen de porter atteinte aux libéralités qu'il a consenties et de violer l'irrévocabilité des donations que la loi a pris tant de soin à sauvegarder.

CHAPITRE III.

A QUELS ACTES S'APPLIQUE L'ACTION PAULIENNE.

L'action Paulienne s'applique à tous les actes par lesquels le débiteur diminue son patrimoine et compromet, par sa fraude, le gage de ses créanciers.

Il faut, par conséquent, pour que l'action soit recevable, que l'acte attaqué soit relatif à un droit faisant partie du patrimoine du débiteur ; d'où nous devons conclure qu'elle sera sans application, toutes les fois qu'il s'agira de ces droits qui, à cause de leur caractère purement moral, restent exclusivement attachés à la personne du débiteur et qu'on ne peut considérer à juste titre comme grossissant sa fortune, et faisant partie du gage de ses créanciers.

L'article 1167 nous enseigne que : « les créanciers peuvent exercer tous les droits et actions de leur débiteur, » mais il prend soin d'ajouter : « *à l'exception de ceux exclusivement attachés à sa personne.* »

Or, il existe une corrélation frappante entre l'article 1166 et 1167. « Demander, en effet, quels sont les actes de leur débiteur que les créanciers peuvent faire révoquer comme faits en fraude de leurs créances, c'est demander quels sont les droits qu'ils peuvent exercer en son nom.

» Car il est d'évidence que les créanciers ne peuvent faire révoquer les actes consentis par leur débiteur, qu'autant qu'ils pourront ensuite exercer, comme s'ils lui appartenaient encore, et par conséquent toujours aussi en son nom, les droits qu'il avait aliénés...... »

« Ce n'est pas, sans doute, dans ce cas, le droit que leur débiteur a sur le bien par lui aliéné, qu'ils exercent, puisque précisément leur débiteur l'a aliéné ! Mais ils exercent le droit *qu'il avait*, et qu'il n'a cessé d'avoir que par fraude (1). »

(1) Demolombe, XXV, n. 150.

C'est ainsi que les droits de nationalité ou de famille, le droit d'intenter une action en désaveu, de reconnaître un enfant naturel, de se marier, tous droits qui ne peuvent se traduire en argent, ne font pas partie du gage des créanciers. Le débiteur peut y renoncer sans causer aucun dommage à ses créanciers.

L'action révocatoire restera même sans application à l'égard de certains droits qui, bien que n'étant point exclusivement attachés à la personne du débiteur, sont incessibles ou insaisissables et ne peuvent à ce point de vue être considérés comme étant *in bonis debitoris*. Tels sont les droits d'usage ou d'habitation, le droit à une pension alimentaire, le droit d'exercer le retrait sucessoral ou litigieux.

Enfin restent en dehors de l'application de l'action Paulienne les droits pécuniaires auxquels se lie si intimement un certain intérêt moral qu'il est difficile de les distinguer; par exemple, le droit de révoquer une donation pour ingratitude du donataire ; le droit de pardonner ou de poursuivre est laissé tout entier à la libre disposition du donateur. Nous pensons également que le droit de demander des dommages et intérêts pour sévices, outrages, atteintes portées à l'honorabilité, sont des droits qu'on ne saurait considérer comme augmentant la fortune d'un débiteur et qui échappent, dès lors, à l'action des créanciers Ceux-ci ne seront donc point admis à attaquer la renonciation qu'il aurait faite de se prévaloir du droit de demander une réparation ; la vie, la santé, l'honneur des citoyens sont des biens qui ne sont pas dans le commerce et qui leur appartiennent exclusivement.

La renonciation qu'un père consentirait à l'usufruit légal que la loi lui accorde sur les biens de son fils mineur de dix-huit ans, échappe-t-elle à l'action Paulienne? Une distinction est nécessaire. Si le père en émancipant son fils s'est privé ainsi de l'usufruit légal qu'il avait sur les biens de ce fils, l'action Paulienne ne nous semble point ici recevable. Émanciper un fils est un droit exclusivement attaché à la personne de ses parents, la diminution de leurs revenus n'en est que la conséquence. « Lorsque le père émancipe son fils, ce n'est pas lui, le père, qui renonce à l'usufruit légal, c'est la loi qui le fait cesser. Les créanciers ne peuvent être trompés dans leur attente, connaissant le droit du père d'émanciper son fils avant ses dix-huit ans (1). » Mais si, au contraire, le père renonce à l'usufruit légal sans émanciper son fils, on peut regarder cet acte comme inspiré par l'idée de faire du tort à ses créanciers, plutôt que par l'envie de procurer un avantage à son enfant. L'article 622, relatif aux renonciations à l'usufruit, recevra ici son application.

En Droit romain, nous avons, en étudiant les actes soumis à l'action Paulienne, établi une distinction capitale entre les actes par lesquels le débiteur diminue son patrimoine et ceux qui ne constituent de sa part qu'un simple refus d'acquérir. Cette

(1) Proudhon, *Traité de l'usufruit.*

distinction a-t-elle été maintenue par notre Droit civil?

Nous le pensons, car rien ne nous indique que nos législateurs aient, à cet égard, abandonné les théories du Droit romain. Il est vrai qu'ils n'ont point appliqué ce principe de la même manière, mais cela prouve simplement que les deux législateurs n'étaient point d'accord sur l'étendue d'application qu'ils voulaient lui donner. Pour s'être montré plus sévère que le Droit romain, le Droit français n'a point pour cela renoncé au principe de la distinction que ce dernier avait établie. Il était difficile, en effet, de fixer une limite bien tranchée entre les actes qui constituent une diminution du patrimoine du débiteur et ceux par lesquels il refuse simplement d'acquérir. Le Code civil n'a fait que déplacer la barrière établie par le Droit romain pour élargir la catégorie des actes soumis à l'action Paulienne, en y comprenant la renonciation aux droits acquis. Du reste, s'il fallait opter sur ce point entre le Droit romain et le Droit français, ce serait à ce dernier que la préférence devrait, il nous semble, être accordée. L'application que le Droit romain avait faite de la distinction par lui établie nous semble bien timide, celle du Code civil est plus logique et préférable à tous égards.

On a voulu cependant soutenir que dans notre Droit actuel les principes du Digeste avaient été abandonnés, et les partisans de cette nouvelle doctrine ont invoqué pour la soutenir l'autorité, d'ailleurs fort respectable, de Domat et de Pothier, dont le Code civil aurait reproduit les idées. Mais l'opinion de ces deux auteurs était loin d'être généralement suivie dans notre ancien droit. Ce qui amenait Domat à rejeter les principes du Droit romain, c'était l'apparition de cette règle que les créanciers peuvent faire révoquer les renonciations qui leur causent un préjudice. « Il y a quelques coutumes (ce n'était donc pas toutes), qui veulent que si un débiteur renonce à une succession qui lui est échue, ses créanciers puissent se faire subroger à ses droits pour les accepter. » Boutaric tenait au contraire pour le maintien de la législation romaine en cette matière. Il cherche à donner, relativement aux renonciations, une explication différente de celle que donnait Domat. Voici les expressions qu'il emploie : « Ce qui a été établi comme une suite de cette maxime générale du royaume : *Le mort saisit le vif*, ce qui fait qu'un héritier étant d'abord saisi, ne peut plus renoncer sans diminuer son patrimoine. »

Des auteurs modernes ont essayé, par la même méthode que Boutaric, d'expliquer la différence qui existe entre le Droit Romain et le nôtre relativement aux renonciations aux successions échues. Cela tient, dit-on, à un changement de principe sur la manière dont s'acquiert la succession d'une personne défunte. A Rome, l'héritier devait faire *adition d'hérédité* pour acquérir la succession du défunt qui restait vacante tant que cette formalité n'avait point été accomplie; en France, au contraire, en vertu de la saisine légale, l'héritier se trouve saisi *ex lege*, et à son insu, de tous les droits du défunt dont il continue la personne. Or, si l'héritier du Droit romain refuse de faire adition, il n'aliène pas, il refuse simplement d'acquérir ; si l'héritier du Droit français renonce à la succession, il aliène, car s'il fût resté inactif, l'hérédité lui était acquise de par la loi. On comprend alors que le Droit romain respecte la renonciation que le Droit français déclare susceptible d'être révoquée (1).

Cette explication ne nous satisfait pas, bien qu'elle ait été donnée par les auteurs dont nous avons adopté l'opinion. Si elle peut, en effet, s'appliquer à l'héritier *externe*, elle reste étrangère à l'héritier *sien et nécessaire*, qui se trouvait saisi de plein droit de l'hérédité, de même que l'héritier du Droit français.

La seule raison qui fait, selon nous, que le Code civil révoque une renonciation frauduleuse que maintenait le Droit romain, c'est que notre législateur a pensé, non sans raison, que cet acte constitue une véritable alénation tout aussi préjudiciable aux intérêts des créanciers qu'une vente, une donation ou une remise de dette. Les principes du Droit romain, en cette matière, donnent lieu à une juste critique, notre législateur était libre de ne pas s'exposer aux mêmes reproches.

Ainsi nous n'admettons pas que l'action Paulienne soit recevable contre les actes qui constituent simplement un manque d'acquérir, tels par exemple

(1) Marcadé, sur l'art. 1167, n° V.

que le refus d'une donation ou de toute espèce de proposition si favorable qu'elle puisse être pour le débiteur. De semblables avantages ne formaient point pour lui un droit acquis, les créanciers ne peuvent se plaindre qu'il en ait refusé le bénéfice.

Les partisans de la doctrine contraire à celle que nous avons adoptée trouvent une objection à nous faire dans la disposition de l'article 2092 du Code civil. « En étendant ainsi le cercle de l'action Paulienne, disent MM. Aubry et Rau, les rédacteurs du Code n'ont fait qu'appliquer le principe d'après lequel le droit de gage des créanciers porte tant sur les biens à venir que sur les biens présents du débiteur (1). » Oui, le droit de gage des créanciers porte sur les biens à venir du débiteur, mais cela veut dire simplement qu'il porte sur les biens que le débiteur n'a pas actuellement acquis et qu'il acquerra dans la suite, mais non sur ceux qu'il n'acquerra jamais.

On veut encore voir dans l'article 2225 (au titre de la prescription), une objection au système que nous essayons d'établir. Cet article accorde aux créanciers le droit de faire révoquer la renonciation du débiteur à une prescription accomplie ; or, dit-on, la prescription ne constitue un droit acquis qu'une fois qu'elle a été invoquée. Loin de l'invoquer le débiteur y renonce et cependant ses créanciers pourront attaquer cette renonciation. C'est donc qu'ils peuvent attaquer les actes qui ne constituent qu'un simple refus d'acquérir, le droit qui doit

(1) Cours de droit civil français (4e édition), § 313, note 16.

résulter de la prescription ne faisant point encore partie du patrimoine du débiteur, tant qu'il ne l'a point invoquée. — Il est facile de répondre à cette objection. Renoncer à une prescription constitue, suivant nous, une véritable aliénation, *c'est aliéner le droit d'invoquer la prescription*, droit actuellement acquis au débiteur et auquel il ne peut renoncer sans diminuer son patrimoine. Qu'est-ce que la prescription? C'est un moyen d'acquérir ou de se libérer, nous dit l'article 2219. Renoncer à la prescription c'est renoncer à une acquisition ou à une libération actuellement acquise par le seul effet du laps de temps exigé pour prescrire; c'est renoncer à un droit acquis, et diminuer son patrimoine, en aliénant ou en s'obligeant (1).

Examinons maintenant quels actes, aux yeux de la loi constituent des aliénations contre lesquelles l'action Paulienne sera recevable si elles ont été frauduleuses.

1° *Aliénations de droits réels*, soit à titre gratuit, soit à titre onéreux. Peu importe même, dans ce dernier cas, que le tiers acquéreur ait acheté la chose du débiteur pour son prix véritable; il sera poursuivi par les créanciers, non parce qu'il s'est enrichi à leurs dépens, mais parce qu'il a été le complice de la fraude du débiteur avec lequel il s'est entendu pour porter atteinte à leurs droits.

L'action Paulienne atteindrait également une

(1) M. Demolombe, n° 166. Bien qu'il enseigne une opinion contraire à celle que nous adoptons, ce savant auteur repousse les arguments tirés des articles 2225 et 2092 que nous opposent les partisans du système qu'il enseigne.

constitution de dot frauduleuse (nous réservons la question de savoir si c'est là un acte à titre onéreux ou gratuit), ainsi que les donations entre époux. Une difficulté a été soulevée au sujet de ces dernières. On a prétendu tirer de ce caractère qu'elles ont, d'être essentiellement révocables, cette conséquence que les créanciers pourraient agir ici, non pas en vertu de l'article 1167, mais bien en vertu de l'article 1166, comme exerçant le droit qui appartient à l'époux débiteur de révoquer une donation qu'il a consentie. Cette solution ne nous paraît pas exacte. Le droit de l'époux d'agir en révocation est, s'il en fut jamais, un droit essentiellement attaché à sa personne ; c'est dans l'intérêt purement moral de l'époux donateur que la loi lui a concédé ce droit dont ses créanciers ne sauraient se prévaloir Mais ils pourront, par l'action Paulienne, attaquer cette donation, si toutefois elle a été faite dans des conditions qui en permettent l'exercice.

2° *Paiements.* Un débiteur paie à un créancier la somme qu'il lui devait, cet acte est-il soumis à l'application de l'action Paulienne ? On ne peut répondre à cette question qu'en distinguant plusieurs hypothèses, ainsi que nous l'avons fait pour le Droit romain, en une semblable matière.

1° La dette était-elle échue quand elle a été payée ? Le paiement est inattaquable. Le créancier était en droit de sauvegarder ses intérêts par sa vigilance, il n'a fait que recevoir ce qui lui était dû. « La seule circonstance pour les créanciers d'avoir connu le désordre des affaires du débiteur ne suffit pas pour les constituer en état de mauvaise foi ; le créancier qui veille à la conservation de ses droits, et qui fait sa condition meilleure, ne faisant que ce qui lui est permis de faire et ne commettant aucune fraude vis-à-vis des autres créanciers. (1). »

On pourrait invoquer à l'appui de cette solution, les articles 808 et 809, qui, placés en matière de bénéfice d'inventaire, « ce qui suppose la déconfiture de la succession » permettent à l'héritier bénéficiaire de payer les créanciers dans l'ordre où ils se présentent, à moins que ceux-ci n'aient usé des sûretés spéciales que la loi met à leur disposition.

2° Le créancier a reçu le paiement d'une dette qui n'était pas échue. On sous distingue suivant que l'échéance devait arriver après ou avant la déconfiture. Si elle doit arriver avant, le créancier ne restituera à la masse que l'*interusurium* dont il s'est enrichi à ses dépens ; mais si l'échéance ne devait arriver qu'après la déconfiture, le créancier devra restituer, outre l'*interusurium*, la différence qui existe entre le montant de ce qui lui a été payé, et le dividende qu'il aurait reçu s'il avait été payé à l'échéance. (2)

Il peut se faire encore que le débiteur consente à un créancier trop pressant une hypothèque, un gage pour garantie de sa créance ; que décider dans cette hypothèse ? Il faudra appliquer la même

(1) Arrêt de la Cour de Lyon, 15 juillet 1845, Dev. 1843, I, 417.

(2) Nous aurons l'occasion de constater en droit commercial des principes différents, ce qui tient à des considérations spéciales, relatives aux faillis.

règle qu'en Droit romain et dire que les créanciers seront admis à faire révoquer cet acte comme une injuste préférence accordée à l'un d'eux. Le débiteur qui consent une garantie à la sûreté de son obligation ne l'exécute pas, c'est là une affaire nouvelle conclue entre son débiteur et lui.

III. *Obligations.* — Le débiteur conserve malgré sa dette le droit de contracter et de s'obliger, mais s'il résulte des circonstances que la nouvelle obligation n'a été contractée que pour léser les précédents créanciers, et que le nouveau créancier ait prêté la main à cette fraude, l'action Paulienne sera recevable. Tel serait le cas où quelqu'un aurait fourni des fonds au débiteur et stipulé des garanties particulières, sachant bien que le débiteur se proposait de dissimuler les deniers qu'il allait recevoir pour les mettre à l'abri de la saisie des créanciers. Peu importe que l'obligation nouvelle soit un contrat ou un quasi-contrat, mais la question ne saurait se présenter si l'obligation est née d'un délit ou d'un quasi-délit ; ici on ne peut concevoir la complicité des tiers, condition essentielle, comme nous le verrons dans le chapitre suivant.

L'acceptation d'une succession obérée est-elle soumise à l'exercice de l'action Paulienne ? La négative est soutenue. On invoque en ce sens :

1° L'article 881 du Code civil, aux termes duquel : « les créanciers de l'héritier ne sont point admis à demander la séparation des patrimoines contre les créanciers de la succession. » N'est-ce pas dire par là que les créanciers personnels de l'héritier devront subir le concours des créanciers de la succession ? Leur accorder l'action Paulienne n'est-ce pas leur accorder la séparation des patrimoines ?

2° L'article 788 accorde aux créanciers le droit de faire révoquer la renonciation à une succession, si cette renonciation a eu lieu en fraude de leurs droits; mais cet article ne parle pas du tout de l'acceptation, ce qui signifie implicitement que l'action Paulienne ne sera point admise à l'égard de cette dernière, *qui de uno dicit de altero negat* ;

3° Accepter ou répudier une succession, est un droit attaché exclusivement à la personne du successible, un droit purement moral. Un fils, pour des raisons de convenance, peut refuser de répudier la succession paternelle, ce peut être un motif respectable et non la fraude qui le pousse à agir ;

4° Par l'effet de la saisine légale, dès l'ouverture de la succession, l'héritier se trouvait grevé des dettes de la succession ; ce n'est donc point son acceptation qui le rend débiteur, il l'était déjà.

On répond à ces arguments :

1° Autre chose est de demander la séparation des patrimoines, autre chose est d'invoquer l'action Paulienne; celle-ci suppose la fraude, condition essentielle de recevabilité ; au contraire, pour intenter la séparation des patrimoines, il suffit d'une seule condition, y avoir intérêt.

2° L'argument *a contrario,* très plausible pour nous faire rentrer dans la règle générale, n'a aucune valeur pour appuyer une opinion qui s'en écarte. L'article 788, loin d'être une exception à l'action Paulienne, en est une application et si le Code a pris soin d'en parler d'une manière toute spéciale, c'était pour montrer qu'il se séparait sur ce point de la théorie romaine et que pour lui la renonciation à une succession constituait un véritable refus d'acquérir, comme toute renonciation à un droit acquis.

3° Le débiteur qui n'accepte une succession obérée que par respect pour la mémoire du défunt, ne se montre généreux qu'avec l'argent de ses créanciers. Il est trop facile d'être grand et loyal, quand c'est la bourse d'autrui qui fait les frais de nos sentiments de générosité ! D'ailleurs, comment se ferait-il une arme de ses scrupules, le débiteur malhonnête qui est convaincu d'avoir agi avec l'intention de frauder ses créanciers ?

4° Celui qui accepte une succession est tenu des dettes, celui qui y renonce n'en est point tenu. C'est donc, en fin de compte, de l'acceptation ou de la répudiation que nous aurons consentie qu'il dépendra pour nous d'être tenu ou de ne l'être pas.

Nous concluons ainsi, que l'action Paulienne sera recevable pour faire révoquer l'acceptation frauduleuse d'une succession, tel était l'avis de Pothier (Traité des successions, chap. VI, art. 15 *in fine*), solution parfaitement conforme aux principes généraux de la matière que nous étudions.

Il faudrait appliquer la même solution à l'acceptation que la femme a consentie d'une communauté obérée. Mais, dit-on, quel intérêt les créanciers personnels de la femme ont-ils à demander la révocation de l'acceptation par leur débitrice de la communauté ? Celle-ci ne paiera les créanciers de la communauté que jusqu'à concurrence du chiffre de sa part dans l'actif; ce qu'elle donne d'une main, elle le reçoit de l'autre, il y a compensation. Nous répondrons : 1° Qu'il n'est pas vrai de dire que la femme ne sera jamais tenue *ultra vires emolumenti* des dettes de la communauté. Elle n'est tenue dans la limite de ce qu'elle recueille, que si elle a pris soin de faire dresser un inventaire fidèle et exact des biens de la communauté, sinon elle pourra être tenue même au-delà de son émolument. Or, il est probable que la femme dont l'intention est de porter atteinte aux droits de ses créanciers personnels, loin d'obéir à cette exigence de la loi, se gardera bien de faire un inventaire, ce qui autorisera les créanciers de la communauté à la poursuivre sur ses biens propres, au détriment de ses créanciers personnels. 2° Que c'est sous le régime de la communauté conventionnelle que s'aperçoit surtout l'intérêt qu'ont les créanciers de faire révoquer l'acceptation frauduleuse de la femme. Qu'on suppose, en effet, qu'elle ait stipulé la faculté de reprendre son apport franc et quitte en renonçant à la communauté, elle peut, en l'acceptant, faire échapper à l'action des créanciers cet apport peut-être très-considérable relativement à ce qu'elle recueille de l'actif commun.

IV. *Renonciations.* — A la différence du Droit romain, notre Code civil a admis que les renonciations aux droits acquis constituaient de véritables refus d'acquérir. Ce sont ces principes que reproduisent les articles 622, 788, 1053, 1464, 2225.

1° *Article* 622 : « Les créanciers de l'usufruitier peuvent faire révoquer la renonciation qu'il en aurait faite à leur préjudice. » Nous réservons la question de savoir si, indépendamment du préjudice, la condition de fraude est également exigée.

2° *Article* 788. — Cet article permet aux créanciers d'attaquer l'acte frauduleux par lequel leur débiteur aurait renoncé à une succession qui lui est échue. Deux cas différents peuvent se présenter : ou la succession n'a été acceptée par personne et les créanciers peuvent alors invoquer le droit qu'a leur débiteur de revenir sur son acceptation, ou bien la succession a été acceptée par des cohéritiers du débiteur ou des héritiers d'un degré subséquent. La renonciation irrévocable, quant au débiteur, ne l'est point à l'égard des créanciers. Ceux-ci peuvent donc invoquer le principe de l'article 788, faire considérer la renonciation comme non avenue à leur égard, et acccepter en leur nom personnel la succession que leur débiteur a méchamment abandonnée. (1)

Remarquons que, « dans ce cas, la renonciation n'est annulée qu'en faveur des créanciers, et jusqu'à concurrence seulement de leurs créances ; elle ne l'est point au profit de l'héritier qui a renoncé, » c'est-à-dire que s'il existe un reliquat, une fois les dettes payées, le débiteur n'y pourra prétendre, ce sera ses cohéritiers qui en bénéficieront. Mais faut-il

(1) Mourlon, — Répetit, écrites, t. II, page 130.

aller jusqu'à prétendre que les cohéritiers du débiteur ou les héritiers du degré subséquent auront un recours contre lui pour réclamer le remboursement de ce qu'ils ont payé à ses créanciers ?

L'affirmative est soutenue. « Les cohéritiers du renonçant peuvent lui dire : Vos dettes ont été payées, mais avec quels biens ? avec les nôtres, évidemment ! car la renonciation, qui nous a investis des biens que vous avez abandonnés, *n'a pas été annulée dans votre intérêt.* Notre argent a servi à votre libération, il vous a enrichis, vous devez nous le rendre. Autrement, vous profiteriez de la rescision de la renonciation, et l'article 788 serait violé, puisqu'il ne permet cette rescision qu'en faveur des créanciers. » (1)

Quelque sérieux que puissent paraître les arguments invoqués à l'appui de cette opinion, nous préférons cependant adopter, non sans avoir longtemps hésité, le système qui refuse toute espèce de recours contre le débiteur.

Ce qui nous amène surtout à nous écarter du premier système, c'est que le sens de l'article 788 ne nous paraît pas être celui que les partisans de cette doctrine lui ont attribué. Si, au lieu de prendre séparément chacun des membres de phrase de cet article, on le lit d'un trait, il semble bien que le législateur a été surtout préoccupé de cette idée que, si les créanciers une fois payés, il restait un excédant de biens, ce reliquat ne devait point profiter au débiteur, mais bien à ses cohéritiers ou

(1) Mourlon. Répétit. écrites, *loc. cit.*

aux héritiers d'un degré subséquent qui ont accepté la succession en son lieu et place. Tel est, pour notre part, la première idée qui nous est venue à l'esprit en lisant cet article, mais il faut bien le reconnaître, les expressions dont s'est servi le législateur prêtent à l'ambiguité. Cependant nous préférons suivre pour guide le premier sentiment, que, chez nous, elles ont fait naître.

Pourquoi le débiteur a-t-il renoncé à une succession avantageuse qui lui était échue? C'est probablement que préférant ses cohéritiers ou les héritiers d'un degré subséquent, à ses créanciers, il a mieux aimé voir les premiers profiter d'une fortune qui ne pouvait être pour lui d'aucun avantage. C'est un véritable donateur, et, comme celui qui fait une donation n'est garant que de son fait personnel postérieur à l'acte de donation, (ce qui n'est pas ici le cas) on ne voit point pourquoi le débiteur pourrait être poursuivi par ceux auxquels il ne doit aucune garantie.

De quoi se plaindraient les cohéritiers du débiteur ou les héritiers d'un degré subséquent au sien? Le plus grand mal qui leur puisse arriver c'est que les créanciers leur enlèvent tous les biens sur lesquels la présence de débiteur leur empêchait de compter. Mais il peut se faire qu'une partie des biens de la succession reste entre leurs mains; ils bénéficient de ce reliquat, grâce à qui? — Au débiteur.

C'est à lui qu'ils doivent ce profit, restreint peut-être, mais toujours beaucoup plus considérable que ce qu'ils perdent, puisqu'ils ne donnent rien?

3° *Article 1053.* — Cet article supposant qu'une substitution a été faite dans un des cas où la loi a autorisé ce mode de disposition, statue : « l'abandon anticipé de la jouissance des biens grevés, de substitution au profit des appelés, ne pourra préjudicier aux créanciers du grevé antérieurs à l'abandon. »

4° *Article 1464.* — « Les créanciers de la femme peuvent attaquer la renonciation qui aurait été faite par elle ou par les héritiers en fraude de leurs créances, et accepter la communauté de leur chef. »

5° *Article 2225.* — « Les créanciers, ou toute autre personne ayant intérêt à ce que la prescription soit acquise, peuvent l'opposer, encore que le débiteur ou le propriétaire y renonce. » Le sens de cette disposition a donné lieu à de graves difficultés.

On a prétendu que les créanciers pouvaient invoquer la prescription au nom de leur débiteur, si celui-ci a négligé de le faire; mais que s'il y a renoncé ils ne peuvent, en leur nom personnel, attaquer la renonciation qu'il en a faite. C'est-à-dire que l'article 2225 admet l'application de l'article 1166 et repousse celle de l'article 1167. On cherche dans les termes de cet article une preuve à ce système; les mots *encore que le débiteur y renonce* se rapportent au présent, il s'agit d'une renonciation qui va se faire, mais n'est point encore faite. « Puis, dit-on, l'action Paulienne implique une idée de fraude, et il ne saurait y avoir de fraude à renoncer à une prescription, mais plutôt un acte de conscience et de bonne foi. »

Mais pour établir cette théorie, il faudrait à la place de ces mots : *encore que le débiteur y renonce*, y substituer ceux-ci : *encore que le débiteur n'y renonce pas* (1). Il faut reconnaître, en outre, que cette prétendue loyauté du débiteur s'exerce aux dépens d'autrui, et que ce sont ses créanciers qui paient ce que coûtent ses scrupules.

Aussi croyons-nous que les créanciers ont parfaitement le droit de faire révoquer en leur nom personnel, et en vertu de l'article 1167, la renonciation que le débiteur peut avoir faite au droit d'invoquer la prescription. Nous nous réservons d'examiner, dans le chapitre suivant, si l'art. 2225 ne fait point exception aux règles ordinaires de la recevabilité de l'action Paulienne.

V. *Jugements.* — Seront enfin soumis à l'action Paulienne les jugements intervenus contre le débiteur qui aurait colludé avec ses adversaires. C'est là un point sur lequel nous reviendrons en étudiant, à la fin de ce travail, les rapports de l'action Paulienne avec la tierce-opposition.

DES EXCEPTIONS A LA RÈGLE DE L'ARTICLE 1167

Après avoir énoncé le principe de l'action révocatoire, l'article 1167 indique ainsi dans son § 2 les modifications qu'il y apporte : « Les créanciers doivent néanmoins, quant à leurs droits énoncés au

(1) Demolombe, loc. cit.

titre des *successions*, et au *titre du contrat de mariage et des droits respectifs des époux*, se conformer aux règles qui y sont prescrites.

Ainsi des exceptions ont été apportées au principe de l'action Paulienne : l'une a trait aux successions, l'autre au contrat de mariage. Le législateur ne pouvait pas être moins précis dans ses indications, c'était pour les commentateurs une belle occasion de faire preuve de sagacité. Quelles sont les exceptions signalées par le second alinéa de l'article 1167, voilà le problème !

On a essayé tout d'abord de chercher cette exception dans la règle de l'article 788 ; mais ce moyen a été vite rejeté, cet article étant un extension plutôt qu'une restriction du principe.

On s'est rejeté alors sur l'article 882 et l'on admet généralement que c'est dans cette disposition de la loi qu'il faut voir l'exception apportée au principe de l'action Paulienne. Cet article est ainsi conçu : « Les créanciers d'un copartageant, pour éviter que le partage ne soit fait en fraude de leurs droits, peuvent exiger à ce qu'il y soit procédé hors de leur présence ; ils ont le droit d'y intervenir à leurs frais ; mais ils ne peuvent attaquer un partage consommé, à moins toutefois qu'il n'y ait été procédé sans eux et au préjudice d'une opposition qu'ils auraient formée. »

Trois positions différentes sont faites aux créanciers :

1° Ils ont fait opposition, ou ils ont été appelés, et ils sont intervenus au partage. Ils ne pourront le faire révoquer que dans le cas où certaines manœuvres dolosives auraient été commises à l'encontre de leurs droits;

2° Les créanciers ont fait opposition et leur opposition n'a point été respectée; ils peuvent dans ce cas faire révoquer le partage, encore que les copartageants aient agi sans intention de fraude, mais de bonne foi. « Comme alors, il n'existe point d'intention frauduleuse, *consilium fraudis*, que les copartageants peuvent placer leur acte sous la protection de leur bonne foi et des circonstances plus ou moins favorables, telles que le mauvais vouloir des créanciers, leur esprit de cupidité et de chicane, l'intérêt d'une prompte division, les inconvénients d'une indivision prolongée et indéfinie, on aurait pu douter que l'action en révocation fût admissible de la part des opposants (1). » Le législateur a fait cesser ce doute en décidant qu'un pareil partage serait révocable *a priori*. Les copartageants ont méprisé les avertissements des créanciers, ils sont en faute par cela même, la loi romaine, nous l'avons vu, pensait que : *non caret fraude qui conventus testato perseverat.*

3° Les créanciers n'ont point fait opposition et le partage a été effectué hors de leur présence. Peuvent-ils encore l'attaquer, en vertu de l'action révocatoire comme, ayant été fait en fraude de leurs droits?

Cette question a donné naissance à quatre explications différentes.

(1) Larombière sur l'art. 1167, n° 64.

1er *Système.* — Les créanciers qui n'ont pas fait opposition conservent le droit d'attaquer le partage s'ils prouvent : 1° qu'il leur cause un préjudice ; 2° que leur débiteur a fait procéder au mépris de leur opposition, avec l'intention frauduleuse de porter atteinte à leurs droits. Ces deux conditions réunies, l'action Paulienne sera recevable indépendamment de toute idée de complicité de la part des autres cohéritiers.

2e *Système.* — Les partisans de la première opinion assimilent à l'égard des cohéritiers du débiteur le partage à un acte gratuit. Cette conséquence n'est admise par personne. Si l'article 883 statue que le partage est simplement déclaratif de propriété, ce n'est là qu'une fiction ; au fond, nous savons qu'il se produit un véritable échange entre les divers cohéritiers. Aussi, dans le second système distingue-t-on si la fraude est l'œuvre du débiteur, ou bien si elle a été concertée entre tous les cohéritiers, et ce n'est que dans ce dernier cas qu'on accorde l'action révocatoire.

Mais ces deux systèmes violent ouvertement le texte de l'article 882. Cet article ne dit pas, en effet : « les créanciers d'un copartageant, pour éviter que le partage ne soit fait au préjudice de leurs droits, peuvent s'opposer, etc.; mais bien : « Pour éviter que le partage ne soit fait *en fraude* de leurs droits. » En outre, c'est enlever toute espèce d'utilité au second alinéa de l'article 1167. Le législateur nous signale une exception et au lieu de cela nous rencontrons une stricte application des principes généraux, « puisqu'il est clair que les créanciers des copartageants n'auraient jamais eu, d'après le droit commun, indépendamment même de l'article 882, le droit d'attaquer le partage autrement que pour cause de fraude (1). »

IIIᵉ. — M. Boutry-Boissonade propose un troisième système qui consiste à prétendre que l'article 882 ne s'applique qu'aux créanciers auxquels un des cohéritiers a, pendant l'indivision, concédé des hypothèques ou autres droits réels sur les biens héréditaires. Ces droits réels seront résolus si les biens qui en sont grevés sont attribués à un autre cohéritier qu'à celui qui les a constitués; résultat auquel nous conduit le principe de l'article 883, d'après lequel le partage est déclaratif et non pas translatif de propriété et chaque cohéritier est censé tenir immédiatement du défunt tous les objets compris dans son lot. L'article 882 serait un remède apporté aux conséquences souvent fâcheuses que le principe de l'article 883 peut avoir vis-à-vis de tel ou tel créancier hypothécaire, ou concessionnaire de droits réels (servitudes, usufruit); tant qu'aux créanciers chirographaires, ils restent soumis au droit commun et peuvent, même en l'absence de toute opposition, recourir à l'action Paulienne pour la sauvegarde de leurs intérêts.

Ce système cherche à s'appuyer :

1° Sur cette considération que l'espèce de fraude prévue par l'article 882 est peu importante et qu'il

(1) Demolombe, *Traité des successions*, tome V (XV), nº 239 bis.

est facile pour les créanciers d'y remédier. Peu importante, car elle ne cause point une diminution du patrimoine du débiteur ; facilement réparable, car les créanciers pourront obtenir de leur débiteur des hypothèques nouvelles sur les autres biens qui ont été mis à son lot.

2° On veut voir dans la place qu'occupe l'article 882 un argument à l'appui de cette théorie. — Il est placé là comme un remède aux dangers que peut offrir le principe que va énoncer l'article 883.

3° Telle était l'opinion de Lebrun et de Pothier. — La règle de l'article 882 se trouvait déjà développée dans leurs traités sur les successions. Or, il suffit de lire leurs ouvrages pour voir qu'ils n'avaient en vue que les créanciers hypothécaires. Après avoir développé le principe déjà pleinement admis dans notre ancienne jurisprudence française, d'après lequel le partage est *déclaratif de propriété*, ils indiquaient aux créanciers hypothécaires un moyen facile de prévenir les fraudes dont, en vertu de ce principe nouveau, ils pourraient être les victimes.

4° On invoque les travaux préparatoires. L'article 170 du projet devenu depuis l'article 882 ne s'applique qu'aux créanciers hypothécaires, ce qui prouve qu'on n'avait prévu que la fraude qui pouvait se commettre vis-à-vis d'eux. Les mots de *créanciers hypothécaires* furent supprimés, il est vrai, à la suite d'un amendement proposé par le tribun Jollivet que trompaient des considérations d'un ordre étranger à la matière.

5° Du reste les mots de créanciers *hypothécaires*

ont été maintenus dans l'article 865 qui décide que les créanciers hypothécaires peuvent intervenir au partage, pour empêcher qu'il ne soit fait en fraude de leurs droits.

Ce système nous paraît établir entre les créanciers hypothécaires et les créanciers chirographaires une distinction que rien n'autorise. M. Boissonade qui réfute le quatrième système auquel nous avons l'intention de nous rallier, trouve injuste que les créanciers chirographaires ne puissent attaquer par l'action Paulienne un partage fait en fraude de leurs droits, s'ils n'ont pas pris soin de faire opposition. Mais alors pourquoi cette injustice existerait-elle à l'encontre des créanciers hypothécaires ? Ce qui est inique vis-à-vis des premiers ne peut être juste vis-à-vis des autres.

D'ailleurs le préjudice des créanciers hypothécaires peut être sans remède si les copartageants se sont arrangés de manière à ne mettre que des meubles ou des valeurs faciles à dérober aux poursuites des créanciers, dans le lot de celui d'entre eux qui a consenti des hypothèques sur les biens héréditaires, alors qu'ils étaient encore indivis.

Tant qu'à l'argument tiré de la place occupée par l'article 882, il est sans fondement, puisque cet article se trouve justement placé dans une autre section que l'article 883 auquel il est censé se référer.

Nous dirons, enfin, que si Lebrun et Pothier ne parlaient que du créancier hypothécaire, ce n'est point qu'ils aient voulu restreindre à son égard l'application de l'article 882. Il est plus plausible de croire que ces auteurs n'ont fait que citer un exemple pour indiquer l'utilité de l'intervention des créanciers en partage.

IVe. — Enfin, un quatrième système est beaucoup plus net, beaucoup plus tranché que les précédents. Ce système a le mérite d'aborder franchement la question et de la trancher de même.

Lors de la rédaction de l'article 882, M. Bigot Préameneu s'exprimait en ces termes : « On n'a cependant pas voulu que les créanciers pussent troubler le repos des familles, en attaquant comme frauduleux certains actes qui sont nécessaires, actes qu'ils ne sont pas censé avoir ignoré et dans lesquels on leur donne seulement le droit d'intervenir pour y défendre leurs droits. Les cas sont prévus par le Code civil ; tel est celui d'un cohéritier dont les créanciers peuvent s'opposer à ce qu'il soit procédé hors de leur présence au partage des biens de la succession qu'il recueille, et y intervenir à leurs frais, mais sans avoir le droit de faire révoquer le partage s'il est consommé, à moins qu'on y ait procedé sans égard à une opposition qu'ils avaient formée. »

La loi, dans l'intérêt des familles, substitue ici un remède préventif, l'opposition, au remède curatif de l'action Paulienne. Considérant que le partage est un acte compliqué, fertile en procès, onéreux pour les familles, la loi a voulu le sauvegarder contre les attaques des créanciers, en les mettant en demeure de prendre les précautions nécessaires pour la conservation de leurs droits.

L'article 1167 après avoir indiqué le principe de l'action Paulienne et montré aux créanciers la voie de recours qui leur était offerte, les avertit qu'ils aient à se conformer aux règles prescrites au titre des successions. Or l'article 882 exige de leur part qu'ils fassent opposition et préviennent ainsi toute fraude dont ils pourraient être victimes ; afin de n'avoir point plus tard à revenir sur le partage, la loi soumet la recevabilité de leur action à l'accomplissement de cette condition. Voilà ce qui nous semble être la meilleure explication donnée au second alinéa de l'article 1167, combiné avec l'article 882.

Les créanciers n'ont point à se plaindre. S'ils sont soucieux de leurs intérêts, qu'ils usent de la voie que la loi leur a offerte ; mais s'ils ne mettent à profit le moyen préventif qui se trouve à leur disposition, ils ne seront plus admis à se plaindre de la fraude dont ils ont été victimes, alors qu'il dépendait d'eux de l'empêcher.

Ce système, cependant, ne saurait être admis d'une manière trop absolue. Si les créanciers, une fois le partage consommé, ne sont point admis à se plaindre, c'est qu'il y a contre eux une présomption de négligence. Mais pour qu'on puisse les soupçonner de négligence, il faudrait supposer qu'il leur était facile de se conformer à la loi et de prendre les mesures de précaution qui leur étaient indiquées. Si donc les créanciers ont ignoré le partage, ou n'ont pas eu le temps de former opposition à son accomplissement, ils sont exempts de toute faute, et on ne peut sans injustice leur refuser d'attaquer un partage consommé dans de pareilles circonstances. On ne peut, en un mot, incriminer les créanciers de leur défaut d'opposition que lorsque cette opposition leur a été possible.

Si donc les copartageants invoquaient une fin de non-recevoir contre la demande en révocation intentée par les créanciers, ceux-ci pourraient-ils leur répondre à bon droit que c'est leur fraude, à eux cohéritiers, qui les a empêché de faire opposition en temps convenable et qu'ils doivent être responsables à leur égard.

Il y a donc là une question de fait à examiner, savoir si, oui ou non, les créanciers ont pu connaître le partage et ont eu un temps moralement suffisant pour former opposition dans les termes indiqués par la loi. Il incombera aux tribunaux d'examiner cette question, laquelle, à notre avis, est complètement indépendante de ce fait que le partage aurait eu lieu à l'amiable ou en justice. La seule question que les juges aient à se poser consiste à examiner si les créanciers sont ou non en faute pour ne pas avoir fait d'opposition. S'ils n'ont accompli cette formalité, la loi présume leur négligence et abandonne leurs intérêts; mais c'est là une présomption qui admet la preuve contraire.

Il peut arriver que, de la part des cohéritiers, le partage ne soit que simulé. Les créanciers seront alors toujours admis à l'attaquer pour prouver qu'il n'existe réellement pas. La protection que l'article 882 accorde aux cohéritiers ne saurait s'appliquer qu'à un partage réel et non à un autre acte qui n'en a que l'apparence.

Cet article 882 ne s'applique qu'aux actes qui font complètement cesser l'indivision. C'est là une disposition exceptionnelle dont on ne saurait étendre les termes sans se mettre en opposition avec l'esprit de la loi. Il restera également étranger au cas de licitation prononcée au profit d'un étranger: il y a là moins un partage qu'une vente qui restera soumise aux conditions ordinaires de l'article 1167.

Par la même raison, il faudrait peut être décider que l'article 882 ne s'applique pas au partage de sociétés; les motifs qui ont dicté les dispositions exceptionnelles de cet article ne se rencontrant plus dans cette espèce, bien que cependant l'article 1872 renvoie pour le partage des sociétés aux règles établies en matière de successions.

Le second alinéa de l'article 1167 nous renvoie au titre du *Contrat de mariage*, où il nous signale une exception au principe de l'action Paulienne. Ce renvoi se rapporte bien probablement à l'article 1476 qui renvoie pour les règles du partage de la Communauté entre époux aux règles qui sont établies au titre des *Successions* pour les partages entre cohéritiers. Les créanciers personnels des époux, exposés à éprouver un préjudice par suite d'une collusion frauduleuse intervenue entre les deux époux ou leurs héritiers, devront recourir à la voie de l'opposition, sinon ils ne seront plus admis à se plaindre du partage.

Tel est la double solution qui nous parait devoir

être donnée à l'énigme proposée par le second paragraphe de l'article 1167.

CHAPITRE IV.

QUELLES SONT LES CONDITIONS REQUISES POUR L'EXERCICE DE L'ACTION PAULIENNE?

Pour que les créanciers puissent attaquer les actes passés par leur débiteur il faut une double condition :

1° Un préjudice causé (*eventus*).

2° L'intention du débiteur de causer ce préjudice (*animus fraudandi*).

§ I.

DU PRÉJUDICE.

Sans intérêt pas d'action. Pour attaquer comme frauduleux les actes de leur débiteur, les créanciers doivent d'abord prouver que ces actes leur causent un préjudice en produisant son insolvabilité ou en l'aggravant. Si donc l'acte accompli par le débiteur lui laisse une quantité suffisante de biens pour assurer aux créanciers le remboursement de leurs créances, l'acte passé par le débiteur restera inattaquable.

Les créanciers devront donc d'abord établir devant le tribunal où l'affaire sera portée que l'acte frauduleux leur cause un préjudice. Si l'insolvabilité du débiteur n'est pas déjà établie par sa déconfiture, ou légalement présumée par suite d'un jugement déclaratif de faillite prononcée contre lui, les créanciers devront, pour rendre leur action recevable, discuter au préalable les biens de leur débiteur.

Discuter le patrimoine d'une personne, c'est saisir ses biens, les faire vendre, payer ses dettes et montrer que le prix de la vente n'a pas suffi pour les acquitter toutes.

Il ne s'agit point ici du bénéfice de discussion accordé à la caution. C'est le créancier demandeur, qui, pour la justification de son action, doit prouver l'insolvabilité du débiteur, et le défendeur peut opposer à sa poursuite cette fin de non-recevoir, qui touchant au fond même du droit, sans être une simple exception du genre de celle que la loi accorde à la caution, pourra être invoquée, comme moyen de défense, en tout état de cause.

En outre le défendeur ne sera point obligé, comme la caution, de faire l'avance des frais que coûtera la la discussion, ni d'indiquer sur quels biens elle devra porter.

Tous les biens présents du débiteur doivent être discutés, à l'exception de ceux cependant dont la discussion présenterait trop de difficultés. Si le défendeur à l'action Paulienne prétendait que la demande des créanciers n'est point recevable parce que le débiteur a des droits litigieux ou situés à l'étranger, qui n'ont pas été discutés, cette défense n'aurait aucune valeur; « ces biens, dit M. Larombière, ne sauraient être considérés, à l'égard des créanciers, comme des éléments sérieux et certains de solvabilité. »

Il faut en outre, pour que l'action Paulienne soit

recevable, qu'il existe entre l'insolvabilité du débiteur et l'acte frauduleux qu'il a passé la relation de cause à effet. Prenons un exemple : Paul fait à un tiers une donation de 10,000 fr. ; ses biens suffisent encore et au-delà pour payer ses créanciers. Mais des malheurs lui arrivent, un incendie dévore plusieurs de ses maisons, ses navires font naufrage, ses créanciers tombent en faillite, il devient insolvable. La donation qu'il a consentie sera-t-elle révoquée encore qu'elle ait été faite de mauvaise foi? Non, car on ne peut dire qu'elle soit la cause de l'insolvabilité du donateur. Celle-ci n'est due qu'à des événements fâcheux qui depuis sont venus l'accabler.

§ II.

DE LA FRAUDE

Un acte passé par un débiteur cause un préjudice à ses créanciers. Ce n'est pas suffisant pour qu'il soit révocable. Il faut quelque chose de plus : que le débiteur ait eu, en agissant, l'intention de porter atteinte à leurs droits : *fraudis interpretatio semper in jure civili, non ex eventu duntaxat, sed ex consilio quoque desideratur.* Ainsi les créanciers ne peuvent en l'absence de toute fraude, faire révoquer les contrats désavantageux passés par leur débiteur, ils ne peuvent lui incriminer ses maladresses ou son administration imprudente.

Mais en quoi consistera la fraude du débiteur? Est-il nécessaire qu'il agisse avec l'intention bien arrêtée d'avance de porter atteinte aux droits de ses créanciers en diminuant le chiffre de son patrimoine ? Nous admettons ici la règle déjà formulée en Droit romain. On ne peut exiger des créanciers qu'ils scrutent et dévoilent les intentions intimes de leur débiteur, il leur suffit de prouver que celui-ci connaissait le mauvais état de ses affaires, et comprenait que l'acte qu'il passait, allait aggraver son insolvabilité et le mettre hors d'état de s'acquitter de ses engagements. Il y a là une question de fait que le juge saisi de l'affaire aura la mission d'apprécier. Du reste, comme la bonne foi se présume toujours, ce sera aux créanciers qu'il incombera de démontrer cette intention frauduleuse, car il peut se faire que trompé sur l'importance de ses ressources, le débiteur ait agi de bonne foi et compromis, sans le vouloir, les droits de ses créanciers. On n'exigera point, du reste, de ces derniers, de preuve écrite à l'appui des faits qu'ils avancent ; la preuve testimoniale, de simples présomptions même, si elles sont de nature à porter la conviction dans l'esprit des juges, seront suffisantes pour faire recevoir leur demande.

Nous avons vu qu'en Droit romain cette intention frauduleuse de la part du débiteur était nécessaire dans tous les cas, que l'acte fût à titre gratuit ou à titre onéreux. Le Code civil a-t-il suivi la même doctrine et faut-il pour les actes à titre gratuit, ou tout au moins pour les renonciations *in favorem*, adopter sur ce point la théorie romaine ?

Trois systèmes différents sont en présence.

1er *Système.* — On distingue entre les donations

ordinaires et les renonciations *in favorem*. L'intention frauduleuse de la part du débiteur est une condition exigée dans le premier cas, mais qui ne l'est pas dans le second. Cette opinion s'appuie sur le texte des articles 622, 788, 1053, et 2215 du Code civil, où le mot *fraude* qui se trouvait dans le projet de la commission de l'an VIII, aurait été remplacé par le mot *préjudice* pour complaire au Tribunal de Cassation dont le projet était conçu en ces termes :

« Les créanciers peuvent, en leur nom personnel, attaquer tous les actes faits par leur débiteur en fraude de leurs droits.

« Sont toujours réputés faits en fraude des créanciers, les actes réprouvés par la loi concernant les faillites, ainsi que la renonciation faite par le débiteur à un titre lucratif, tel qu'une succession ou une donation. »

Le Conseil d'Etat avait en principe admis ce projet et substitué le mot préjudice au mot fraude.

Et voici comment dans ce système on explique cette différence entre les donations directes et les renonciations. Celles-ci ne confèrent aux tiers qu'un droit accidentel, les donations, au contraire, lui confèrent un droit immédiat qu'il recueille par la volonté du propriétaire, d'où l'on conclut qu'il est plus logique d'enlever au tiers un bénéfice sur lequel il n'avait pas lieu de compter et qui ne lui arrive qu'accidentellement, que de le priver d'un gain qu'un acte du débiteur lui a directement conféré.

2e *Système*. — Les partisans d'une seconde opinion rejettent cette subtile différence entre les actes qui confèrent au tiers un profit direct et ceux qui ne sont pour lui qu'une cause de gain accidentelle. Ils prétendent que tant qu'il s'agira d'un acte à titre gratuit, jamais aucune condition de fraude ne pourra être exigée de la part du débiteur.

On invoque encore en ce sens les art. 622, 788, 1053, 2225 comme autant d'exemples qui démontrent que notre droit se sépare de la théorie romaine sur le point qui nous occupe. D'ailleurs, ajoutent les partisans de ce système, pourquoi, quand il s'agit d'actes à titre gratuit, faire dépendre la recevabilité de l'action Paulienne de la bonne ou de la mauvaise foi du débiteur ? Les tiers combattent ici de *lucro captando* ; les créanciers, au contraire, cherchent à éviter un préjudice ; on sait qu'entre les uns et les autres, la loi n'hésite jamais (1).

3° *Système.* — Enfin, dans un dernier système on soutient que la théorie du Droit romain doit ici être adoptée en son entier. Nous allons essayer de l'établir :

1° Le texte de l'article 1167 est général. Il exige pour la recevabilité de l'action Paulienne que le débiteur ait eu l'intention de frustrer ses créanciers et il ne distingue pas entre les actes à titre gratuit et les actes à titre onéreux. Il est fort probable que s'il avait voulu se séparer de la théorie romaine et de celle admise par notre ancien droit sur un point d'une semblable importance, le législateur n'eût pas manqué de s'en expliquer d'une

(1) MM. Aubry et Rau, § 313, note 18.

manière formelle. Non-seulement, en effet, dans notre ancienne jurisprudence Pothier soutenait cette doctrine (1), mais encore Lebrun (2), Boutaric et Ricard (3). En gardant ainsi le silence, le législateur était censé s'en référer aux errements du passé (4).

2° La règle *nemo liberalis nisi liberatus* ne s'applique qu'aux legs, l'appliquer aux donations ce serait bouleverser tous les principes. Le débiteur a, en effet, malgré sa dette, conservé la libre administration de son patrimoine et il est resté pleinement capable de tous les actes de la vie juridique. Lorsqu'il accomplit ces actes, il est censé représenter ses créanciers, et cette présomption ne cesse que lorsqu'il trahit leur confiance et compromet leurs intérêts. La loi permet alors aux créanciers de demander la révocation d'actes de cette sorte. Aller contre ces principes serait accorder à des créanciers chirographaires une sorte de droit de suite sur les biens aliénés et nous savons qu'à moins qu'il ne leur ait consenti des garanties spéciales, les biens d'un débiteur ne forment le gage de ses

(1) Obligations n° 153 et communauté n° 133.

(2) Succession III, chap. VIII, section II, n° 17.

(3) Donation. Section III. n° 747-749.

(4) On remarquera peut-être de notre part une certaine propension à suivre les théories du Droit romain. Nous n'avons pas cru, en effet, devoir nous en écarter, tant qu'il paraissait possible de concilier les théories du Digeste avec celles admises par notre Droit civil. Lorsque, dans le cours de ce travail, il nous est arrivé de nous en séparer, nous ne l'avons fait que comme à regret et toutes les fois que les principes nouveaux avaient été établis par le Code avec une précision telle, que force nous était d'abandonner ceux des jurisconsultes romains.

créanciers qu'autant qu'ils sont restés dans son patrimoine.

3° Aux deux premières opinions qui cherchent à s'appuyer sur le texte des articles 622, 788, 1053 et 2225 nous opposerons l'article 1464 relatif à la renonciation de la femme à la communauté. Dans cette disposition, ce n'est plus le mot préjudice que nous rencontrons, c'est le mot fraude. Or, pourquoi la loi aurait-elle fait une différence entre les renonciations à la communauté et les renonciations à une succession? Ce sont là deux actes qui paraissent devoir être mis absolument sur la même ligne et la raison que le législateur aurait eue de distinguer nous échappe absolument.

Remarquons, en outre, que l'article 1464 se trouve placé dans le Code après que le législateur a énoncé le principe général de l'action Paulienne, qu'il en est une application, et qu'en l'écrivant, le législateur devait se rappeler la théorie générale qu'il avait établie. Les termes qu'il emploie n'ont point été choisis à la légère et montrent bien quelle était son intention. Ainsi le législateur, après avoir abandonné la théorie romaine, y serait retourné! Nous préférons croire qu'il ne l'a jamais abandonnée.

On répond, il est vrai, qu'il y a là comme une sorte d'inadvertance de la part du législateur, mais c'est un moyen trop facile pour écarter cette pierre d'achoppement contre laquelle viennent échouer les systèmes que nous combattons.

Mais, c'est principalement au texte des articles

622, 788, 1053 et 2225 que les partisans de ces deux systèmes réclament leur principal argument pour établir la théorie qu'ils enseignent. Dans ces quatre articles le mot *préjudice* a remplacé le mot *fraude*, changement qui s'est opéré d'après les observations du tribunal de Cassation et non point à la légère.

Il nous reste à concilier le texte de ces articles et les travaux préparatoires avec le système que nous avons adopté.

Ecartons d'abord de la discussion l'article 1053, car, ni dans le projet de la commission de l'an VIII, ni dans celui du tribunal de Cassation, les substitutions fidéicommissaires n'étaient admises. Nous écarterons également l'article 2225 que nous expliquerons plus loin. Les difficultés qu'il comporte demandent une étude toute particulière.

Restent donc les articles 788 et 622 dont il faut établir la concordance avec les principes généraux de l'article 1167.

Nous reconnaissons que ce fut à la suite d'une observation du Tribunal de Cassation que le texte de ces deux articles fut modifié et que le mot préjudice vint remplacer le mot fraude. Mais cette théorie eut son temps. En effet, on avait ajouté à l'article 62 du projet (depuis article 1167) un second alinéa ainsi conçu :

« Sont toujours réputés faits en fraude des créanciers les actes réprouvés par la loi concernant les faillites, ainsi que les renonciations faites par le débiteur à un titre lucratif, telle qu'une succession ou une donation. » (1)

(1) Fenet. — Travaux préparatoires, tome II, page 587.

Le Conseil d'Etat, dans un premier projet, ajoutait à la section dont fait partie l'article 1167 un quatrième article ainsi conçu :

« Lorsqu'un débiteur a renoncé à une succession, le créancier peut l'accepter du chef de son débiteur.

» Le créancier peut aussi demander l'exécution à son profit d'une donation que le débiteur aurait d'abord acceptée et à laquelle il aurait ensuite renoncé.

» Dans l'un et l'autre cas le créancier prend sur lui les risques et les charges résultant des titres qu'il accepte à la place de son débiteur. » (1)

Mais un second projet fut présenté au Conseil d'Etat. Ce dernier projet ne contenait ni l'addition proposée par le tribunal de Cassation, ni même le quatrième article présenté au Conseil d'Etat lors du premier projet. Ces faits ne sont-ils pas de nature à faire croire que la doctrine du Tribunal de Cassation a été repoussée comme s'écartant probablement des données du Droit romain et de l'opinion de Pothier, qu'en matière d'obligations, les rédacteurs du Code suivirent pas à pas ?

Si les articles 788 et 622 n'ont pas subi la modification qu'exigeait la doctrine qui prévalait dans la loi, c'est moins peut-être parce que les rédacteurs l'ont oubliée que parce qu'ils l'ont jugée inutile. Ils entendaient en effet le mot préjudice comme on l'entendait en droit romain : *fraudis interpretatio*

(1) Fenet. — Travaux préparatoires, tome XIII, page 12.

non ex eventu duntaxat, sed ex consilio quoque desideratur.

Et ce qui prouve bien que telle était la doctrine du Code, c'est que la seule fois que les rédacteurs se soient trouvés en présence d'une question de ce genre, dans l'article 1464, ils ont appliqué les principes généraux contenus dans l'article 1167.

Ainsi nous concluons que l'action Paulienne ne sera recevable que si le débiteur a agi avec l'intention mauvaise de porter atteinte aux droits de ses créanciers ; peu importe qu'il s'agisse d'actes à titre onéreux ou de simples renonciations. « La lettre des articles 822 et 788, dit très excellemment M. Larombière, n'est pas tellement explicite, ni leur texte tellement clair, qu'ils puissent par eux-mêmes donner raison de l'économie de la loi. L'interprétation est donc indispensable et il ne faut pas oublier qu'elle doit se faire dans l'intérêt de la plus grande unité de principes. » (1)

Ayant laissé de coté l'explication des articles 1053 et 2225, nous allons maintenant en reprendre l'étude.

Art. 1053. — La loi permet aux créanciers d'attaquer l'abandon anticipé que l'héritier grevé de substitution peut avoir fait de ses droits au profit des appelés. A l'exemple de l'ordonnance de 1747 sur les substitutions, le Code n'exige en apparence qu'une seule condition à la recevabilité de la demande des créanciers, un préjudice causé à leurs droits. Faut-il néanmoins décider que la fraude du

(1) M. Larombière, des obligations, sur l'art. 1167 no. 14.

débiteur sera nécessaire pour faire révoquer la renonciation que le grevé a faite à la jouissance des biens grevés de substitution ? C'est notre avis. Pourquoi en effet ne pas appliquer ici les principes généraux ? C'est ce qu'il y a de plus juridique quand les termes de la loi ne sont pas assez formels, ni assez explicites pour nous permettre de les écarter. Nous ne faisons, du reste, que suivre en cela l'avis de Pothier qui, même après l'ordonnance de 1747, continue à enseigner que cette condition était nécessaire pour attaquer la renonciation du grevé.

Art. 2225. — Nous avons déjà eu l'occasion de parler de cet article quand nous avons examiné la question de savoir si la renonciation à la prescription pouvait être atteinte par l'action Paulienne. Nous avons conclu pour l'affirmative. Reste à savoir maintenant si les conditions requises pour l'exercice de cette voie de recours n'ont pas été modifiées.

Dans un premier système on soutient qu'il faut appliquer ici purement et simplement les principes de l'action Paulienne. L'article 2225, dit-on, n'en conserve pas moins son utilité. On aurait pu mettre en doute s'il appartenait aux créanciers d'invoquer un droit dont la conscience du débiteur pouvait refuser de se prévaloir, et si ce n'était point là un droit exclusivement attaché à sa personne. L'article 2225 a eu pour résultat d'éclaircir ce doute, la renonciation à une prescription peut être révoquée, si, du reste, elle a été faite au milieu de circonstances telles que l'action revocatoire soit recevable, suivant les principes généraux.

Un autre système donne à la disposition contenue dans l'article 2225 une toute autre portée. Les créanciers n'auront qu'à prouver le préjudice, mais la révocation de la renonciation faite par le débiteur est complètement indépendante de la question de savoir si elle a eu lieu de sa part de bonne ou de mauvaise foi. C'est là une véritable exception aux principes généraux de l'action Paulienne, au sujet desquels le législateur était parfaitement fixé quand il rédigeait cet article. S'il s'en est séparé, il l'a fait sciemment et avait, du reste, comme nous allons le voir, des motifs plausibles pour agir de la sorte.

Le texte de cet article ne parle nullement de la fraude. Il dit simplement que les créanciers ou toute *autre personne ayant intérêt* à ce que la prescription soit acquise, peuvent l'opposer, encore que le débiteur ou le propriétaire y renonce. Ces *autres personnes intéressées* sont celles qui ont acquis des droits réels (servitudes, hypothèques), de la part du débiteur sur les biens qui font l'objet de la prescription. Ces personnes peuvent invoquer la prescription en tout état de cause, que leur auteur y ait renoncé lui-même de bonne ou de mauvaise foi. Or, puisque l'article 2225 place les créanciers chirographaires sur la même ligne que les créanciers hypothécaires et tous les concessionnaires de droits réels, il en résulte que la même décision leur sera applicable.

Si dans cette hypothèse le législateur s'est séparé du droit commun, il avait, avons-nous dit, ses raisons pour le faire. Dans le cas qui nous occupe l'application des principes généraux eût présenté des difficultés souvent inextricables et qu'il fallait à tout prix éviter.

En effet, nous verrons bientôt qu'il importe beaucoup, en se plaçant à un certain point de vue, de distinguer entre les actes à titre gratuit et ceux à titre onéreux. Dans quelle catégorie placer la renonciation à une prescription? On ne peut la considérer comme un acte à titre gratuit; celui, au profit de qui elle a lieu, ne reçoit, après tout, que ce qui lui est dû, ou ce qui lui appartient (1). Ce n'est point non plus un acte à titre onéreux, lequel supposerait un concours de volontés entre le tiers et le débiteur; or, celui-ci peut renoncer à la prescription par un acte dépendant de sa seule volonté et à la perpétration duquel le tiers est resté complètement étranger. Comment arguer alors de la complicité du tiers, circonstance nécessaire pour la révocation des actes à titre onéreux? Telles sont les circonstances qui ont porté le législateur à entourer de règles particulières la renonciation à une prescription.

Nous avons examiné jusqu'à présent les conditions exigées *ex parte debitoris* pour donner ouverture à l'action Paulienne. Il nous reste à examiner quelles conditions sont requises à l'égard des tiers

(1) Pothier cependant a soutenu le contraire dans son Traité des obligations, n° 600.

qui ont contracté avec le débiteur. Doivent-ils, ou non, avoir été les complices de la fraude dirigée contre les créanciers ?

Nous avons vu en droit romain une distinction importante entre les actes à titre gratuit et les actes à titre onéreux ; notre ancien droit français l'avait maintenue, elle doit même être admise sous l'empire du Code. Si l'acte est à titre onéreux, il ne sera révocable que si le tiers a été le complice de la fraude du débiteur ; si l'acte est à titre gratuit, l'action Paulienne sera recevable, encore que le tiers soit resté étranger à la fraude dont le débiteur s'est rendu coupable.

Mais en quoi doit consister cette complicité pour rendre recevable, en certains cas, l'action Paulienne ? Suffira-t-il, par exemple, de savoir que celui avec qui on contracte a des créanciers ? Non évidemment, ce fait n'implique de sa part aucune incapacité, il est resté capable d'administrer ses biens et de contracter avec toute la liberté possible. Il faut, de plus, que le tiers ait su que l'intention du débiteur était de porter atteinte aux droits de ses créanciers. Ceux-ci, du reste, comme toutes les fois qu'il s'agit de prouver la fraude, auront à leur disposition tous les modes de preuves possibles.

La distinction établie entre les actes onéreux et ceux à titre gratuit est tout-à-fait conforme à l'équité. Il est facile d'en justifier le motif. Lorsqu'il s'agit d'un acte à titre onéreux, si le tiers a reçu quelque chose, il en a fourni l'équivalent qui est entré dans le patrimoine du débiteur. Si l'on admettait les créanciers à poursuivre leur paiement sur l'objet qu'il a reçu et payé, cette mesure de protection, assurée aux créanciers, blesserait les intérêts d'un acheteur de bonne foi, intérêts aussi respectables que les leurs. Pour lui aussi, il s'agit d'éviter un dommage ; la situation étant également digne d'intérêt, le législateur applique la maxime *in pari statu melior est causa possidentis*. L'acquéreur de bonne foi est préféré. Et encore, ainsi que le fait remarquer M. Demolombe, n'est-il pas juste de dire qu'il y ait égalité parfaite de situation ? Le tiers est tout-à-fait exempt de faute, il a traité de bonne foi avec une personne que la loi déclarait capable, on ne voit pas qui altérerait, tant qu'à lui, la validité du contrat qu'il vient de passer ; « tandis qu'on pourrait, à la rigueur, reprocher au créancier fraudé d'avoir imprudemment suivi la foi d'un tel débiteur et de n'avoir pas pris ses garanties contre lui ; et ce reproche serait même plus d'une fois très-fondé en fait (1). »

Si l'acte, au contraire, est à titre gratuit, on comprend aisément que le titulaire de ce bénéfice, purement gratuit, puisse se voir préférer des créanciers pour lesquels il s'agit d'éviter une perte. La loi n'a pas voulu que le tiers pût ainsi s'enrichir aux dépens des créanciers.

Est-ce à dire cependant qu'il importe peu que le tiers donataire soit de bonne ou de mauvaise foi ? Non certes ; cette distinction offre encore un légitime intérêt : si le donataire est de mauvaise foi, il

(1) Demolombe, no 196.

devra restituer intégralement ce qu'il aura reçu, si au contraire il est de bonne foi, il ne sera tenu de restituer que ce dont il s'est enrichi.

L'action Paulienne atteindra non seulement les complices et les donataires, mais encore leurs successeurs à titre universel. En Droit romain, nous avons vu que l'action Paulienne n'était accordée contre eux que jusqu'à concurrence de leur enrichissement à cause du caractère *pénal unilatéral* de cette action. Dans notre Droit, les actions qui tendent à des réparations pécuniaires se donnent en entier contre les héritiers de la personne débitrice de l'indemnité. Tant qu'aux successeurs à titre particulier, la question est délicate et demande de plus longs développements.

Remarquons d'abord que si l'exercice de l'action révocatoire est impossible contre le premier acquéreur, cela suffit pour qu'elle le soit également contre le sous-acquéreur encore que ce dernier soit un donataire ou un acquéreur à titre onéreux de mauvaise foi. Dès l'instant, en effet, que l'acte par lequel les biens sont sortis du patrimoine du débiteur en vertu d'un acte inattaquable, il n'y a plus à y revenir. Le droit de gage des créanciers est éteint définitivement, sans qu'aucune circonstance puisse le faire revivre.

Mais supposons que l'action Paulienne soit possible contre le premier acquéreur, parce qu'il était de mauvaise foi, ou avait acquis à titre gratuit. L'action sera-t-elle ici recevable contre le sous-acquéreur, et à quelles conditions le sera-t-elle ?

Il importe ici de faire les mêmes distinctions que s'il s'agissait d'un premier acquéreur. Le sous-acquéreur a-t-il acquis à titre gratuit, ou bien à titre onéreux, mais de mauvaise foi, l'action sera recevable contre lui. Si, au contraire, il a acquis de bonne foi et à titre onéreux, les créanciers n'ont plus le droit de le poursuivre. Les arguments de droit et d'équité qui militent en faveur du premier acquéreur, protègent encore le sous-acquéreur qui se trouve placé dans les mêmes conditions.

Cette opinion est celle de la jurisprudence et de la presque unanimité des auteurs. Elle a cependant été contestée.

Le principal argument qu'on ait invoqué contre elle est la maxime *nemo plus juris in alium transferre potest quam et ipse habet* (1). L'action Paulienne admissible contre l'ayant-cause immédiat du débiteur doit réfléchir contre les sous-acquéreurs en vertu de cette maxime. Mais cet argument est ici sans valeur à cause de la nature toute particulière de l'action Paulienne. L'acte contre lequel elle est invoquée n'est point en effet entaché d'un vice radical qui le détruise dans son essence, ce vice n'est que relatif, l'acte subsiste à l'égard des parties contractantes, ce n'est que dans l'intérêt des créanciers que cet acte est susceptible d'être révoqué. « Uniquement fondée sur la fraude commise au regard des créanciers ou sur le préjudice qui leur a été causé, l'action Paulienne n'entraîne

(1) Ce principe s'appliquerait, par exemple, aux actions en nullité fondées sur le dol ou la violence.

qu'une nullité relative dont les effets se restreignent aux complices de la fraude, aux auteurs du préjudice. » (1)

Ainsi, ce n'est que si toutes les conditions nécessaires à la recevabilité de l'action Paulienne se trouvent réunies en sa personne que cette action sera recevable.

Observons en outre avec Marcadé, que si le premier acquéreur a été trouvé digne de protection lorsqu'il avait acquis à titre onéreux et de bonne foi, on doit accorder la même mesure de protection au sous-acquéreur qui se trouve dans les mêmes conditions.

Mais remarquons que si l'action révocatoire qui eût été possible contre le premier acquéreur est impossible contre les sous-acquéreurs, les créanciers ne sont cependant pas désarmés. Ils peuvent en effet poursuivre le premier acquéreur en paiement d'une indemnité, laquelle compensera le préjudice qu'il leur a causé en participant à l'acte frauduleux du débiteur. Si le premier acquéreur avait acquis à titre gratuit et de bonne foi, les créanciers pourraient lui réclamer ce dont il s'est enrichi, c'est-à-dire le prix de l'objet qui lui a été frauduleusement transmis. Si lui-même avait donné cet objet, ce serait alors contre le sous-acquéreur que l'action serait dirigée d'après les principes que nous avons indiqués.

Nous avons vu par ce qui précède quel intérêt il peut y avoir à reconnaître si un acte est à titre

(1) Aubry et Rau, § 313, note 24 (4e édition.)

onéreux ou à titre gratuit. Il est certains actes, à l'occasion desquels cette distinction est assez difficile, tels sont : les donations mutuelles, le cautionnement, les constitutions de dot.

1° Les donations mutuelles, malgré ce caractère de mutualité, n'en constituent pas moins de véritables donations et conservent leur caractère de libéralité. Ce que nous disons des donations mutuelles, il faut en dire autant des donations faites avec charges ou rémunératoires.

2° Le cautionnement à l'égard de celui qui le reçoit est un acte à titre onéreux. Les créanciers de la caution ne peuvent par conséquent faire révoquer son engagement qu'autant que la personne à laquelle il a été fourni a participé à la fraude.

3° A l'égard des constitutions de dot, la question demande davantage de détails.

Nous avons vu avec la loi 25 au Digeste, cette distinction établie par Vénuléius : la femme est donataire, le mari ne l'est pas. Il est acquéreur à titre onéreux, car il ne reçoit la dot que *ad sustinenda onera matrimonii* et parce qu'il est à présumer, ajoute le jurisconsulte romain, qu'il n'eût point pris une femme sans dot. — Dans notre ancien droit, Furgole faisait la même distinction. (1)

Le Code civil l'a-t-il maintenue?

Nous allons examiner la question :

1° Par rapport au mari,

2° Par rapport à la femme.

(1) Testaments, liv. 4, chap. II, section 1, n. 20.

1° *Par rapport au mari.* — La majorité, ou plutôt la presque unanimité des auteurs contemporains et la jurisprudence admettent ici la théorie romaine; le mari est un acquéreur à titre onéreux, et, entre ses mains, la dot ne peut être atteinte par l'action Paulienne que s'il a participé à la fraude du constituant.

Voici le principal argument sur lequel cette doctrine cherche à s'établir : la dot entre les mains du mari a une destination toute spéciale : supporter les charges du mariage. Telle est la définition que l'article 1540 donne de la dot. En effet la femme s'oblige à payer une dot, le mari à soutenir les charges du ménage; il y a là un contrat unilatéral, chacun s'oblige, donc on ne peut voir là qu'un contrat à titre onéreux.

Il est vrai que le mari est obligé de soutenir les charges du ménage, mais, est-ce par ce qu'il reçoit une dot qu'il y est obligé? n'est-ce pas plutôt de la loi elle-même que découle pour lui cette obligation?

Article 203. — « Les époux contractent ensemble, par le seul fait du mariage, l'obligation de nourrir, entretenir, élever leurs enfants. »

Article 214. . . . « Le mari est obligé de la recevoir (sa femme) et de lui fournir tout ce qu'il lui est nécessaire pour les besoins de la vie, suivant ses facultés ou son état. »

C'est donc la loi qui impose au mari ces obligations; elle n'y met pas pour condition qu'il recevra une dot ou bien que celle qui lui a été promise lui sera payée. Le mari ne peut s'affranchir de ces obligations sous prétexte que la femme ou bien que la personne qui avait promis de lui constituer une dot ont manqué à leurs engagements. Et cependant, aux termes de l'article 1184, « la partie envers laquelle l'engagement n'a pas été exécuté, a le choix, ou de forcer l'autre à l'exécution de la convention lorsqu'elle est possible, ou d'en demander la résolution avec dommages et intérêts. » C'est donc de la loi et non pas de la dot ou de la promesse de dot, que découle pour le mari l'obligation de soutenir les charges du ménage, et le contrat synallagmatique que l'on voudrait voir entre la personne qui constitue la dot et le mari qui la reçoit disparait complètement.

En outre, l'obligation que les époux contractent par le fait même du mariage de nourrir, élever, entretenir les enfants, n'incombe pas seulement au mari, mais encore à la femme, la loi dit *les époux*. Or pourquoi la femme serait-elle placée dans une condition inférieure au mari et pourquoi la loi se montrerait-elle plus rigoureuse pour elle qu'à l'égard du mari? A moins de prétendre cependant que la constitution de dot est également à titre onéreux vis-à-vis de la femme ; mais cette opinion nous paraît encore moins soutenable que celle que nous combattons.

Le mari, dit Vénuléius, n'eût point pris une femme sans dot; c'est cette considération qui l'a poussé à contracter mariage ! Nous ne voulons point nous vanter de plus de désintéressement que les Romains eux-mêmes ne s'en estimaient capables, mais au moins pouvons-nous dire qu'aux yeux de notre loi, le mariage n'est point un marché, ni un contrat susceptible de condition, ni d'aucune autre modalité.

Si nous pensons qu'à l'égard du mari la dot est un contrat à titre gratuit, à plus forte raison, pensons-nous qu'il doit en être ainsi à l'égard de la femme. La grande majorité des auteurs nous prête ici son appui, mais la jurisprudence est opposée à ce principe.

Non-seulement le mari, dit la jurisprudence, est obligé de soutenir les charges de ménage, mais la femme elle-même doit prendre sa part de cette obligation. Ces charges sont communes avec le mari, elle sera tenue de s'y soumettre si ce dernier ne les exécute pas. Mais nous dirons de la femme ce que nous disions du mari ; cette obligation résulte pour elle de la loi et non de la constitution de dot. Celle-ci lui servira simplement à exécuter les charges que la loi lui impose. Pierre a des dettes, Paul lui donne 5,000 fr. pour les payer ; cette destination enlèverait-t-elle à l'acte passé entre Pierre et Paul le caractère d'une libéralité ? Non évidemment. Or nous ne voyons pas quelle différence sépare la constitution de dot de l'exemple que nous venons de citer. Pourquoi alors appliquer une solution différente ? D'ailleurs, l'obligation de la femme n'est point contractée envers le constituant, elle ne lui profite pas, il n'y a aucun moyen de la faire exécuter si la femme se refuse de s'y soumettre ; or, nous savons qu'un contrat à titre onéreux est toujours *commutatif*, c'est-à-dire établi pour l'utilité réciproque des deux parties, dont chacune d'elle ne donne que pour recevoir l'équivalent de ce qu'elle a donné.

On invoque encore dans le système de la jurisprudence les articles 1440 et 1547 du Code civil, qui posent en principe l'obligation pour le constituant de garantir la dot. Le donateur, dit-on, n'est pas tenu à la garantie ; si cette obligation incombe au constituant, c'est que la constitution de dot est un contrat à titre onéreux. Nous répondrons à cet argument que la garantie n'est pas de la *nature* de la donation, mais que la non-garantie n'est pas non plus de son *essence*, si bien que le donateur sera soumis à la garantie, dans le cas où cette obligation aurait été formellement stipulée dans le contrat. Si le Code civil a disposé que le donateur n'était pas tenu à garantie, c'est là un reste de notre ancienne jurisprudence, que le soin extrême qu'elle avait de conserver les biens dans les familles, rendait ennemie de toute libéralité. Mais le Code ne défend pas de stipuler la clause de garantie ; il respecte, à cet égard, la volonté des parties et même quelquefois va au-devant de leur intention, et c'est ainsi que les articles 1547 et 1440, à cause du caractère spécial de la dot, présument la convention de garantie entre le constituant et l'époux doté. Tel nous paraît être le véritable fondement des articles 1440 et 1547.

Enfin on nous oppose le 2e § de l'article 1167, et le principe de l'immutabilité des conventions matrimoniales. Mais nous savons que le deuxième alinéa de l'article 1167 a trait aux articles 882 et

1476 et ne concerne nullement les constitutions de Dot. Tant qu'à l'argument tiré du principe de l'immutabilité des conventions matrimoniales, il faut reconnaître qu'il porte à faux. Les parties ne peuvent changer après leur mariage les conventions qui règlent leurs intérêts, mais cette disposition ne peut avoir pour objet de porter atteinte aux droits des tiers. Si la dot consistait, par exemple, en un immeuble grevé d'hypothèques, le créancier hypothécaire aurait certainement le droit de faire saisir et vendre l'immeuble grevé, sans s'inquiéter s'il porte atteinte aux conventions matrimoniales des époux. Si l'immeuble avait été vendu au constituant sous condition de réméré, le vendeur pourrait exercer bien certainement son droit de rachat, encore que le bien vendu ait été constitué en dot. La prohibition de changer les conventions matrimoniales ne s'applique, à notre avis, qu'aux changements qui pourraient être l'œuvre de la volonté des époux, mais non aux événements de force majeure qui sont restés indépendants de leur volonté.

Ce qui prouve bien que la constitution de dot est une véritable donation, c'est qu'elle est soumise aux mêmes règles de fonds et de forme. Elle est révocable pour survenance d'enfant, réductible si elle dépasse la quotité disponible, rapportable si elle n'a été faite à titre de préciput et hors part.

La constitution de dot étant aussi une libéralité, tant à l'égard du mari qu'à l'égard de la femme, nous en concluons que l'action Paulienne sera recevable contre eux, encore qu'ils n'aient point été complices de la mauvaise foi du constituant.

CHAPITRE V.

QUELS SONT LES EFFETS DE L'ACTION PAULIENNE.

L'étendue des effets de l'action Paulienne demande à être étudiée à un triple point de vue.

1° Dans les rapports des créanciers et des tiers.

2° Dans les rapports des créanciers entre eux.

3° Dans les rapports des tiers avec le débiteur.

§ I.

RAPPORTS DES CRÉANCIERS AVEC LES TIERS.

L'action Paulienne est, ainsi que nous l'avons vu, une action personnelle qui tend soit à obtenir une indemnité de la part du défendeur, soit à rendre possible l'exercice du droit de gage des créanciers en levant l'obstacle qui s'opposait à leurs poursuites. Elle a pour fondement un quasi-délit si le tiers est acquéreur à titre onéreux et de mauvaise foi, un quasi-contrat si le tiers a acquis à titre gratuit. Une distinction est par conséquent nécessaire pour étudier dans les rapports des créanciers avec les tiers, les effets de l'action révocatoire.

1°. *Le tiers a acquis à titre onéreux et de mauvaise foi.*

Il devra aux créanciers la réparation de tout le préjudice qu'il leur a causé en prenant part à la fraude qui était dirigée contre eux. L'acte que lui a consenti le débiteur sera révoqué, mais remarquons que cette révocation n'est point la nullité de l'acte. Le vice dont l'acte révocable est entaché est relatif tant qu'aux personnes et tant qu'aux choses : 1° *tant qu'aux personnes*, car l'acte subsiste dans les rapports du débiteur et des tiers ; le débiteur ne pourrait se prévaloir de sa propre fraude pour demander la révocation de l'acte qu'il a consenti ; 2° *tant qu'aux choses*, l'acte n'est révoqué que jusqu'à concurrence de l'intérêt que les créanciers peuvent avoir à sa révocation ; il subsiste pour tout ce qui dépasse le montant de leurs créances.

Les effets de la révocation varient naturellement suivant la nature de l'acte frauduleux.

L'acte frauduleux a consisté en une aliénation frauduleuse, le tiers devra restituer la chose qu'il a reçue et en outre les fruits qu'elle a produits ou qu'elle aurait produits si elle fût restée aux mains du débiteur. Il faut, en effet, que pour les créanciers, le patrimoine soit placé au même et semblable état que si l'aliénation n'avait point eu lieu. Les tiers devront en outre une indemnité pour les pertes ou dégradations que la chose peut avoir subies entre leurs mains. Les cas forfuits seront même à leur charge, car l'article 1379 (*in fine*) en déclare responsable quiconque reçoit indûment et de mauvaise foi une chose qu'il devra restituer plus tard.

Cependant si le tiers ne doit pas s'enrichir aux dépens des créanciers, la réciproque est vraie ; de ce principe nous déduirons les conséquences suivantes :

1° Si le tiers démontre que la chose qui lui a été

livrée eût également péri chez le débiteur, il ne sera pas responsable des cas fortuits, sinon les créanciers gagneraient quelque chose à cette aliénation qu'ils critiquent ;

2° S'il a fait des dépenses utiles ou nécessaires sur l'objet aliéné et qu'il ait conservé ainsi le gage de ses créanciers ou en ait accru la valeur, il a droit à une indemnité pour le montant des dépenses qu'il a faites.

3° Il a payé au débiteur son prix d'acquisition. Les créanciers devront-ils le lui rembourser ou en subir la réduction sur la valeur de la chose qui fait l'objet de la révocation?

Nous avons, sur cette matière, signalé en droit romain une distinction des plus équitables.

Si le prix payé par le tiers se trouve être encore dans le patrimoine du débiteur, les créanciers étaient tenus de le restituer, c'eût été là en effet une augmentation du patrimoine de leur débiteur dont ils auraient profité aux dépens du tiers.

Mais si le prix avait été dissipé par le débiteur sans que les créanciers en aient profité, ils n'en devaient aucun compte au tiers acquéreur de mauvaise foi.

Nous pensons qu'une doctrine si équitable doit être reçue dans notre droit. On a voulu cependant la rejeter, mais on ne peut le faire qu'en aboutissant à une injustice. Les créanciers en réclamant la chose et en gardant le prix par devers eux profiteraient d'un double avantage au préjudice des tiers.

La sévérité qu'on peut avoir contre eux, s'ils ont été de mauvaise foi, ne peut aller jusqu'à l'injustice.

A vrai dire, ce cas se présentera rarement. Si en effet les créanciers trouvent dans le patrimoine de leur débiteur un prix équivalent à la valeur de l'objet aliéné, l'action Paulienne ne sera pas recevable, car ils n'éprouvent aucun préjudice. L'hypothèse ne peut donc se présenter que lorsque la vente aura été faite à vil prix.

Si le tiers avait vendu la chose aliénée frauduleusement et que l'action Paulienne ne fût pas recevable contre le sous-acquéreur à cause de sa bonne foi, le premier acquéreur devrait restituer le prix qu'il a reçu, si ce prix est supérieur ou tout au moins égal à la valeur de l'objet; si ce prix était inférieur, il restituerait la valeur à laquelle l'objet serait estimé.

2° *Le tiers a acquis à titre gratuit.*

Les créanciers, si le tiers est de bonne foi, ne pourront exiger de sa part que la restitution de ce dont il s'est enrichi. C'est en effet parce qu'il s'est enrichi à leurs dépens qu'il est obligé vis-à-vis d'eux; sitôt que son enrichissement a cessé, il n'est plus tenu, son obligation manque de cause.

De sorte que s'il a lui-même vendu l'objet que lui a donné le *defraudator*, il devra restituer simplement le prix qu'il a reçu. Si la chose a péri entre ses mains, ou bien, si ce qu'il a reçu en échange ne lui a été d'aucun profit, il ne pourra plus être poursuivi. Supposons encore qu'il ait vendu la chose reçue *in fraudem*, moyennant une rente viagère, les créanciers n'auront de recours contre lui que jusqu'à concurrence du montant de cette rente, dont ils jouiront pendant le temps que le donataire en eût joui lui-même si la libéralité qui lui a été consentie n'avait jamais été critiquée.

Si enfin le donataire avait lui-même donné le bien soumis à l'action révocatoire, il échapperait à toute poursuite, puisqu'il ne résulte pour lui aucun enrichissement de la donation qui lui a été faite, sauf aux créanciers à recourir contre le second donataire et reprendre la chose entre ses mains. Ce serait en effet ici le second donataire qui s'enrichirait à leurs dépens et se trouverait par suite être leur obligé.

Il résulte des différentes solutions que nous venons d'exposer, que c'est à l'enrichissement du donataire de bonne foi, qu'il faut s'en prendre pour savoir dans quelle mesure l'action Paulienne devra être admise contre lui, de même qu'on s'en référerait au préjudice causé dans le cas où il s'agirait d'un acquéreur de mauvaise foi, que son titre fût à titre gratuit ou onéreux.

Jusqu'à présent, nous avons supposé (ce qui est du reste le cas le plus ordinaire) que l'acte soumis à l'action Paulienne était une aliénation ; mais il peut se faire que cet acte ait une toute autre nature. Nous savons en effet de combien de manières différentes le débiteur peut porter atteinte aux droits de ses créanciers. Les mêmes principes s'appliquent aux autres actes, suivant la nature spéciale de chacun d'eux. S'agit-il d'une remise de dette? L'obligation primitive revivra dans son entier et les créanciers pourront en faire saisir le montant entre les mains du débiteur du *defraudator*. S'agit-il d'une renonciation à succession ? Les créanciers pourront faire regarder la renonciation comme non avenue et se faire envoyer en possession des biens dont elle se compose.

§ II.

DES RAPPORTS DES CRÉANCIERS ENTRE EUX.

Les créanciers ont intenté l'action Paulienne et triomphé de leur action. Quels seront dans leurs rapports entre eux les effets de la révocation qu'ils ont ainsi obtenue ?

Trois systèmes sont en présence.

1er *Système*. — Dans une première opinion, on soutient que la révocation de cet acte profitera à tous les créanciers, même à ceux dont le titre de créance était postérieur à la passation de l'acte attaqué. Tous les créanciers, à quelque époque que soit née leur créance, pourront en poursuivre le paiement sur la valeur de la chose dont l'action Paulienne a révoqué l'aliénation.

Si on admettait une distinction, disent les partisans de ce système, soit entre les créanciers postérieurs et les créanciers antérieurs à l'acte frauduleux, soit entre ceux qui ont intenté l'action Paulienne et ceux qui sont restés sans agir, on créerait une cause de préférence autre que celles que la loi a établies, ce qui serait violer ouvertement le principe qui déclare qu'il n'y a d'autre cause de préférence entre les créanciers que les priviléges et les hypothèques. (art. 2094).

La révocation de l'acte frauduleux fait, dit-on, rentrer le bien aliéné dans le patrimoine du débiteur; or tous les biens qui composent le patrimoine du débiteur sont le gage commun de ses créanciers (art. 2093). Ce serait aller contre cette règle que de faire parmi les créanciers certaines catégories auxquelles on refuserait ce bénéfice.

2e *système.* — Un second système est moins absolu, il consiste à distinguer entre les créanciers postérieurs à l'acte frauduleux et ceux qui ont été antérieurs à cet acte. Ces derniers profiteront seuls de la révocation sans qu'il y ait à distinguer entre eux, c'est-à-dire que les effets bienfaisants de l'action Paulienne ne s'étendront pas seulement à ceux des créanciers qui l'auront intentée, mais sauvegarderont encore les intérêts de tous les créanciers antérieurs à l'acte frauduleux.

On repousse ainsi dans ce système l'admission des créanciers dont la créance est postérieure à l'acte attaqué. L'exercice de l'action Paulienne sera refusée à ces derniers, comment viendraient-ils alors bénéficier d'un droit qui n'est pas le leur ? L'aliénation frauduleuse consentie par le débiteur ne leur a causé aucun préjudice ; lorsqu'ils contractaient avec lui, ils n'ont pu légitimement compter, pour se rembourser de leurs créances, sur un bien qui n'était déjà plus dans son patrimoine.

L'action Paulienne a pour objet la réparation d'un

préjudice et ils n'en éprouvent aucun, de quel droit viendraient-ils, alors, concourir avec des créanciers dont les droits ont été véritablement compromis?

3e *système*. — Enfin, on soutient que le droit de réclamer le bénéfice qui découle de l'action Paulienne ne doit profiter qu'à ceux des créanciers qui ont agi en justice pour obtenir la révocation. Ce système nous paraît préférable aux deux premiers, c'est celui que nous nous proposons d'adopter.

Il n'est point juste de dire, comme le prétendent les partisans des deux premiers systèmes, que les créanciers antérieurs, et parmi eux ceux qui ont intenté l'action Paulienne, jouissent au regard des créanciers de la masse d'une injuste préférence. S'ils bénéficient seuls du jugement qu'ils ont obtenu, il n'y a rien là qui soit en contradiction avec les principes du droit. Ordinairement les jugements ne profitent qu'à ceux qui les obtiennent, comme les avantages qui peuvent résulter d'un contrat ne profitent qu'à ceux qui y ont été parties. C'est là une appplication de la maxime bien connue : *res inter alios acta aliis neque nocere, neque prodesse potest*, et ce qui prouve bien que ce sont les règles sur l'autorité de la chose jugée qu'il faut ici appliquer, c'est que, si les créanciers, au lieu de triompher dans leur action, avaient échoué, le jugement prononcé contre eux ne pourrait point être opposé aux autres créanciers.

L'argument tiré de l'article 2092 n'a pas davantage de force. Dire que le bien, dont l'aliénation a été révoquée, retombe dans le patrimoine du débiteur et forme ainsi le gage de tous ses créanciers, c'est résoudre la question par la question elle-même; il y a là pétition de principe. Nous avons montré, en effet, que les biens révoqués ne rentraient pas dans le patrimoine du débiteur, l'action Paulienne n'ayant d'autre effet que de permettre la poursuite des créanciers comme si l'aliénation n'avait point eu lieu. « Et comme ce résultat, disent MM. Aubry et Rau, peut exister ou se produire à l'égard d'un créancier seulement, sans être nécessairement commun à tous les autres, il n'y a là aucun motif pour s'écarter, au point de vue qui nous occupe, des règles ordinaires sur l'autorité de la chose jugée (1) ».

L'action Paulienne reste donc sans effet, non-seulement à l'égard des créanciers postérieurs à l'acte frauduleux, mais encore à l'égard de ceux qui, antérieurs à l'acte, sont restés étrangers à l'action. Les créanciers qui ont agi, n'ont point représenté leurs créanciers, comme on l'a prétendu. D'abord, en vertu de quel principe et de quel droit les représenteraient-ils ? Chaque créancier agit, au contraire, pour son propre compte et n'obtient de réparation que dans la mesure de ses intérêts, le résultat du procès ne regarde que lui. Paul aliène en fraude de ses créanciers un immeuble d'une valeur de 10,000 fr. Pierre, qui a une créance de 5,000 fr., fait révoquer la vente jusqu'à concurrence de ce chiffre. Il ne peut, du reste, demander ni obtenir au-delà. (Art. 480 du Code du pr. civile). De quel droit les autres créanciers pourraient-ils donc venir partager avec

(1) Note 41, § 313, 4e édit.

lui ce qu'il a reçu, lorsque le montant de la condamnation prononcée en sa faveur, n'a eu lieu justement que dans la mesure de l'intérêt purement personnel qu'il avait à exercer cette action.

Les autres créanciers ont un moyen très-simple de sauvegarder leurs intérêts : qu'ils se joignent au créancier poursuivant, et s'il reconnaît l'action Paulienne fondée, le tribunal, devant lequel la demande sera intentée, accordera la révocation de l'acte frauduleux jusqu'à concurrence du montant cumulé des créances des divers créanciers poursuivants. C'est ce qui se passe en matière de saisie, le premier saisissant n'est point préféré aux autres créanciers qui peuvent, en le faisant en temps utile, prendre part à la saisie.

On arriverait autrement à une flagrante injustice. Un créancier attaque, comme frauduleux, un acte passé par son débiteur, il succombe et paie les frais. Les autres créanciers, qui se sont tenus à l'écart, le taxeront d'imprudence, mais ne viendront pas lui offrir de prendre part aux frais du procès qu'il a perdu. Mais, au contraire, le créancier poursuivant triomphe, verrait-on, sans injustice, la troupe affamée des timides accourir demander une part dans le bénéfice d'une action dont seul le créancier poursuivant a couru les risques et les mauvaises chances? La loi doit évidemment rejeter un système dont les conséquences blesseraient aussi ouvertement l'équité.

§ III

RAPPORT DES TIERS AVEC LE DÉBITEUR.

L'acte révoqué subsiste, avons-nous dit, dans les rapports du débiteur et du tiers avec lequel il a contracté. La révocation n'est que relative, et s'il s'agit, par exemple, d'une renonciation à une succession et qu'il reste un reliquat une fois les créanciers payés, les héritiers, venus en sous-ordre (qui sont les tiers dans l'espèce), profiteront de cet excédant.

Mais le tiers évincé de tout ou partie du bénéfice de l'acte qu'il a passé avec le débiteur, a-t-il le droit de recourir contre lui pour réclamer une indemnité ? Cette question ne paraît pouvoir se résoudre que par une distinction entre les acquéreurs à titre gratuit et les acquéreurs à titre onéreux.

L'acquéreur à titre onéreux qui désintéresse les créanciers, soit en les payant de ses deniers, soit en se laissant exproprier, a payé une dette qu'il avait intérêt d'acquitter, étant tenu *pour* un autre. N'est-ce pas ici le cas d'appliquer le principe de la subrogation légale, principe dont il est fait mention dans le 3° de l'article 1251, et de décider, comme en Droit romain, que le tiers peut recourir contre le débiteur (devenu solvable), en remboursement de ce qu'il a payé pour lui. Mais il ne peut réclamer de dommages et intérêts. Il était complice de la fraude du débiteur (c'est même ce fait qui a donné lieu à l'exercice de l'action Paulienne contre lui), il ne peut se plaindre du dommage que sa mauvaise foi peut lui avoir causé. Le but que la justice cherche ici à atteindre, c'est que personne ne s'enrichisse aux dépens d'autrui.

Mais l'acquéreur, à titre gratuit, aura-t-il un recours contre le débiteur ? Nous ne le pensons pas ; le donateur n'est tenu à garantie que si la cause d'éviction provient de son fait, et se trouve être postérieure à la donation, mais il n'est point garant du fait antérieur. Or, ici le fait d'où découle l'éviction, a été concomitante avec la donation qui en a été comme viciée à sa naissance. Le donateur ne sera pas, par conséquent, garant de la révocation de la libéralité qu'il a consentie.

Si le donataire avait stipulé une clause de garantie, il est évident qu'il pourrait recourir en indemnité contre le donateur, et, comme en matière de dot, la clause de garantie est présumée par la loi comme tacitement stipulée entre les parties, celui à qui une dot a été constituée pourrait, en cas d'éviction, recourir en garantie contre le constituant.

On a été plus loin, et l'on a prétendu, qu'indépendamment de toute clause de garantie expresse ou tacite, le tiers acquéreur à titre gratuit pourrait, dans le cas qui nous occupe, recourir contre le donateur. Celui-ci s'enrichit, dit-on, à ses dépens, puisque c'est avec des biens appartenant à autrui que ses dettes se sont trouvé payées. En outre, ajoutent les partisans de ce système, ce n'est que dans l'intérêt des créanciers que la donation est révoquée, elle doit alors produire tous ses effets dans les rapports du tiers donataire avec le débiteur. Si enfin l'objet de la donation était un immeuble grevé d'hypothèques, le donataire qui aurait désintéressé le créancier hypothécaire pourrait réclamer au donateur le montant de ses déboursés. Ici la position est la même, le donataire mérite une protection du même genre.

Nous répondrons à ces arguments que le donataire ne paie pas avec ses propres biens les créanciers du donateur, mais bien plutôt avec les biens de ce dernier. De quoi se plaindrait-il? Il ne subit aucun dommage, mais voit simplement diminuer pour lui un bénéfice purement gratuit. Si le donataire d'un immeuble hypothéqué a un recours contre le donateur pour se faire rembourser ce qu'il a payé, c'est que le législateur a présumé que quand il lui faisait cette donation, le donateur voulait donner l'immeuble indemne de toute charge. Mais c'est là une exception qu'il ne faut point étendre.

Nous avons examiné plus haut la question de savoir si les héritiers d'un degré subséquent à celui du débiteur, pourraient réclamer une indemnité lorsque la renonciation de ce dernier venait à être révoquée, à la demande de ses créanciers. Nous avons conclu à la négative.

CHAPITRE VI.

QUELLE EST LA DURÉE DE L'ACTION PAULIENNE.

L'article 1167 n'indiquant aucune prescription spéciale qui limite la durée du mode de recours qu'il établit, il faut appliquer ici le droit commun et décider que l'action Paulienne pourra être exercée pendant trente ans. Cette prescription commencera à courir du jour où l'acte frauduleux aura été accompli.

Cependant le silence de la loi a été autrement interprété que nous venons de le faire. Plusieurs opinions divergentes se sont élevées sur cette question.

Nous repoussons d'abord le système d'après lequel la loi accorderait aux juges un pouvoir discrétionnaire pour décider d'après les circonstances quelle doit être la durée de l'action Paulienne. Une semblable solution serait en désaccord avec l'esprit et la lettre de notre Code ; avec l'esprit, car ce serait laisser aux juges un pouvoir trop étendu qui n'aurait d'autre résultat que de jeter la plus grande incertitude sur le droit de propriété ; avec la lettre, car l'article 2282 indique la prescription comme étant générale et s'appliquant à toutes les actions, tant qu'on ne se trouve pas dans un des cas où la loi a cru devoir établir une prescription plus courte.

Dans un second système on soutient que l'action Paulienne dure dix ans, que sa durée est comme celle de l'action en nullité réglée par l'article 1304, et, qu'à l'exemple également de l'action en nullité, ce délai commence à compter du jour où les créanciers ont eu connaissance de l'acte frauduleux qui avait été commis au préjudice de leurs droits. Les partisans de ce système font remarquer que tous les motifs qui ont poussé le législateur à réduire de 30 ans à 10 ans la prescription de l'action en nullité se trouvent ici réunis. 1° On a craint qu'en prolongeant la durée de la recevabilité de l'action Paulienne, on augmentât la difficulté de prouver la fraude, ainsi que les faits qui doivent être soumis à une enquête ; — 2° On a pensé que celui qui restait si longtemps sans agir renonçait à son droit. — 3° Enfin on a obéi à cette considération qu'il était d'un intérêt économique bien entendu de ne pas laisser trop longtemps incertain le sort de la propriété.

Ce système cependant ne nous satisfait pas et nous trouvons de graves objections qui s'opposent à ce que nous l'admettions. Le principe contenu dans l'article 1304 est une disposition exceptionnelle qu'on ne doit point étendre en dehors des cas prévus par la loi. Or celle-ci n'en fait l'application qu'à l'action en nullité ou en rescision, et nous avons déjà eu l'occasion de remarquer plusieurs fois que l'action Paulienne n'avait pas ce caractère. Elle ne porte point atteinte, en effet, à l'acte passé entre le débiteur et le tiers, elle a simplement pour objet de rendre possible le droit de poursuite des créanciers. Nous avons trop souvent insisté sur ce point pour que nous croyions utile d'y revenir.

Nous adoptons par conséquent le principe d'après lequel l'action Paulienne serait soumise au droit commun, c'est-à-dire qu'elle peut pendant trente ans servir aux créanciers pour faire révoquer les actes que le débiteur a passés en fraude de leurs droits. Ces trente ans commenceront à courir du jour où l'acte frauduleux aura été passé.

Cette prescription ne peut être considérée comme acquisitive, laquelle sert à protéger l'acheteur qui a acquis *a non domino*. Ici ce n'est pas le cas. Le fondement de l'action Paulienne consiste dans une obligation que le tiers a contractée de ne pas s'enrichir aux dépens d'autrui, ou de réparer le préjudice qu'il a causé en aidant au débiteur à porter atteinte aux droits de ses créanciers. La prescription est donc simplement libératoire et reste complètement étrangère aux principes des articles 2265 et 2279. L'action Paulienne est une action en réparation d'un préjudice causé ou en restitution d'un bénéfice indûment acquis.

DROIT COMMERCIAL

ÉTUDE SOMMAIRE DES ARTICLES 446 A 449 DU CODE DE COMMERCE.

Pour compléter la théorie de l'action Paulienne, nous avons pensé qu'il serait à propos de rapprocher des principes de la loi civile les dispositions des articles 446, 447, 448 et 449 du Code de commerce.

Nous n'avons point ici la prétention de nous livrer à une étude approfondie de ces textes ; ce serait sortir des limites que nous nous sommes tracées. Cette matière pourrait à elle seule être l'objet d'un traité spécial sur les *Effets de la cessation des paiements*. Nous nous bornerons donc à jeter un coup d'œil d'ensemble sur la théorie du Code de commerce, afin de pouvoir établir entre les principes de la loi commerciale et ceux de la loi civile, un parallèle que nous considérons comme le complément indispensable d'une étude sur l'action Paulienne.

Nous trouvons l'origine de cette matière dans un règlement de l'année 1667 adopté par les négociants de la ville de Lyon. Homologué bientôt après par un arrêt du Conseil et enregistré au Parlement, ce règlement eut force de loi (1).

(1) Bravard-Verniéres et Demangeat, Tome 5, page 204.

L'ordonnance sur le commerce, de 1673, se bornait à rappeler en termes laconiques et peu clairs, un principe général et de droit commun qui n'a rien de particulier avec la matière de la faillite.

Comme on avait compris le besoin d'être plus explicite sur une question du plus grave intérêt, une ordonnance du 18 novembre 1702 portait : « que les cessions et transports faits dans les six jours qui précèdent la faillite, sont nuls, et que les actes souscrits par les faillis, les sentences contre eux rendues dans le même temps, n'emporteront aucune préférence sur les créanciers chirographaires (1) ».

Telle fut la disposition qui resta le droit commun de la France jusqu'en 1807, époque à laquelle fut rédigé le Code de commerce.

Les articles 442 à 447 de ce Code furent consacrés à la matière qui nous occupe. On reprocha au législateur, dont ce Code était l'œuvre, de laisser incertaine, cette époque si importante, au tour de laquelle gravitent tant d'intérêts divers, et qu'il appelle l'ouverture de la faillite, d'établir entre les meubles et les immeubles une distinction qui n'avait pas sa raison d'être, et enfin de déclarer nuls des actes qu'on aurait pu conserver sans danger.

La loi du 28 mai 1838 a remplacé depuis tout le titre que le Code de 1807 consacrait à la théorie des faillites, et a, en grande partie, réalisé les améliorations désirées.

La loi nouvelle a justement pris soin de détermi-

(1) Code Tripier, note à l'art. 446.

ner d'une manière bien précise l'époque à laquelle commençait la faillite. Ce sera le jour où le commerçant aura suspendu ses paiements. Il appartient aux juges consulaires, qui prononceront le jugement déclaratif de la faillite, d'indiquer le jour où cette cessation a eu lieu. La loi s'en rapporte à cet égard, à l'expérience que leur donne la qualité de commerçants et à l'habitude qu'ils ont des affaires.

Trois catégories d'actes sont à examiner.

1° Ceux qui ont été faits avant les dix jours qui précèdent la cessation des paiements. La loi commerciale a laissé ces actes soumis au droit commun. Aucune règle particulière ne les concerne, on leur applique purement et simplement la loi civile.

2° Ceux qui ont été faits après le jugement déclaratif de la faillite. Le failli est dessaisi de l'administration de son patrimoine qui est confié à un syndic, tous les actes qu'il passe sont nuls vis-à-vis de ses créanciers.

3° Ceux qui ont été faits depuis la cessation des paiements, ou même avant les dix jours qui l'ont précédée jusqu'au jugement déclaratif de la faillite. C'est cette dernière catégorie d'actes dont nous avons à nous occuper.

Nous étudierons successivement : 1° ceux de ces actes qui sont nuls de plein droit ; 2° ceux qui ne sont pas nuls de plein droit ; 3° la nullité des inscriptions.

§ Ier

DES ACTES QUI SONT NULS DE PLEIN DROIT

La nullité de ces actes sera prononcée par le Tribunal de commerce : 1° si l'acte, dont il s'agit, se trouve énuméré dans l'article 446 du Code de commerce ; 2° s'il a été accompli depuis la cessation des paiements ou dans les dix jours qui ont précédé cette époque. Aucun pouvoir discrétionnaire n'est laissé aux juges consulaires, ils doivent se livrer à une simple vérification matérielle, portant sur la nature et sur la date de l'acte, et en prononcer la nullité s'il remplit les conditions indiquées.

On appelle quelquefois ces nullités des *nullités absolues* ; c'est là une désignation fausse, car une nullité *absolue* peut être invoquée par toute personne, tandis que les actes dont nous nous occupons, ne sont nuls que vis-à-vis de la masse des créanciers ; ils restent entièrement valables dans les rapports du failli et du tiers avec lequel il a contracté.

Quels sont donc ces actes dont la nullité s'impose ainsi aux juges ? On peut les faire rentrer dans trois catégories.

1re Catégorie. — Actes à titre gratuit. — On peut faire rentrer dans cette catégorie tous les actes qui présentent un certain caractère de libéralité : « tous actes translatifs de propriétés mobilières ou immobilières à titre gratuit. » Si on interprétait à la lettre cette disposition, cela nous conduirait à conclure que, seules seront révocables les translations de propriété immobilière à titre gratuit ; mais la disposition de l'article 446 est, de l'avis unanime de tous les auteurs, beaucoup plus générale et comprend les donations manuelles, déguisées, rémunératoires, ainsi que des actes qui ne supposent nullement un transfert de propriété, tels qu'une remise de dette.

Une constitution de dot doit rentrer dans cette disposition, car le caractère de cet acte est entièrement gratuit. Telle est l'opinion que nous avons adoptée en droit civil (malgré la presque unanimité des auteurs), loin d'abandonner ici cette opinion, nous nous y attachons au contraire avec plus de force. En effet, le constituant s'est appauvri, il a donné sans rien recevoir qui fût un équivalent de ce dont il diminuait son patrimoine ; or, en matière de faillite, c'est surtout par rapport au constituant qu'il importe d'examiner le caractère de l'acte qui nous occupe, et on ne saurait prétendre que la constitution de dot ne rentre pas dans la catégorie des actes translatifs de propriété dont parle l'article 446.

La disposition de cet article se comprend facilement. Toute libéralité doit être interdite à l'homme dont le passif est insuffisant pour payer ses dettes.

2° *Catégorie. — Paiements de dettes non échues.* Que le paiement soit opéré *en espèces, par transport, vente, compensation* ou *autrement*, de semblables paiements seront frappés d'une nullité de droit. Pourquoi, en effet, le failli aurait-il la fantaisie de payer par anticipation des créanciers qui ne peuvent encore rien réclamer, quand il ne paie pas ceux dont les créances sont exigibles ?

Peu importe le mode paiement, la loi prend soin de l'établir. Peu importe, non plus, la nature de la dette, quelle soit commerciale ou civile, la loi ne distingue pas, la nullité de droit les atteint toutes.

Le mot de compensation, placé dans cet article, pourrait donner lieu à une difficulté. Comment pourra-t-il s'agir de compensation, dira-t-on, puisqu'il s'agit de dettes non échues ?

Nous ferons simplement remarquer qu'il y a deux sortes de compensations : 1° la compensation *légale* qui exige pour se produire l'exigibilité de la dette ; 2° la compensation conventionnelle qui peut avoir lieu du consentement des parties et indépendamment de cette condition. C'est de cette dernière dont a voulu parler l'article 446.

Non seulement la loi annule les paiements de dettes non échues, mais encore le paiement de dettes *mêmes échues,* s'il a été fait *autrement qu'en espèces ou effets de commerce.* Un paiement de cette nature a quelque chose de singulier qui fait que la loi l'a présumé frauduleux. Le créancier n'a dû aux yeux de la loi consentir à ce paiement insolite que parce qu'il voulait se mettre à l'abri d'une catastrophe qu'il prévoyait.

3° *catégorie.—Enfin, seront nuls toute hypothèque conventionnelle ou judiciaire, et tous droits d'antichrèse, ou de nantissement constitués sur les biens du débiteur pour dettes antérieurement contractées.*

Une distinction est nécessaire. Si l'hypothèque, le droit d'antichrèse ou de nantissement ont été consentis en même temps qu'était contractée la dette qu'ils garantissent, ils resteront valables si l'obligation dont ils assurent l'exécution est valable.

Ils forment avec elle un tout indivisible, et la validité de cette dernière entraîne leur propre validité.

Si, au contraire, le créancier n'ayant pas exigé d'abord ces garanties, obtenait ensuite pour sa créance des sûretés qu'il n'avait pas pensé à réclamer en contractant, la loi, les déclare nulles, si elles lui ont été concédées depuis la cessation des paiements ou dans les dix jours qui l'ont précédée. Elle lui empêche ainsi de rendre sa position meilleure au détriment des autres créanciers.

Ces dispositions ne sont point applicables à l'hypothèque légale non plus qu'au privilége, qui ne dépendent point en effet de la volonté du débiteur, mais découlent immédiatement de la loi et prennent toujours naissance au moment de la créance qu'ils garantissent. Ainsi, un commerçant se marie dans les dix jours qui précèdent la cessation de ses paiements, la femme n'en a pas moins droit à l'hypothèque légale sur les biens de son mari.

L'article 446 dont nous venons d'étudier les dispositions, frappe de nullité de droit les actes que nous avons énumérés. Aux yeux de la loi tous ces actes constituent des libéralités qu'elle annule comme frauduleuses. Mais l'énumération des actes compris dans cet article est limitative et, on ne saurait l'étendre sans violer la loi déjà très-sévère.

§ II.

DES NULLITÉS QUI N'ONT PAS LIEU DE PLEIN DROIT.

Les nullités qui n'ont pas lieu de plein droit sont celles qui ne peuvent être prononcées que lorsqu'il sera démontré que le tiers qui a contracté avec le débiteur failli connaissait la suspension de ses paiements.

Il existe de nombreuses différences entre ces nullités et celles du chapitre précédent. Nous allons les passer en revue.

I. — Les nullités de droit s'imposent aux juges, qui, vérification faite de la nature de l'acte et de l'époque à laquelle il a été passé, doivent le déclarer nul, si cette vérification leur indique que l'acte dont il s'agit se trouve dans les conditions exigées par l'article 446.

Au contraire, pour les nullités qui ne sont pas de droit, la loi a laissé au juge un certain pouvoir d'appréciation. Le tribunal n'est point obligé de prononcer la nullité de ces actes, bien que remplissant les conditions exigées par la loi. Il peut se faire, en effet, que cet acte ne porte aucun préjudice à la masse des créanciers.

Tel serait, par exemple, le cas où le failli ayant depuis la cessation de ses paiements vendu à un tiers, qui connaissait cette circonstance, une certaine quantité de marchandises, aurait employé l'argent qu'il a reçu à en acheter de nouvelles qui se trouvent actuellement dans ses magasins. Les créanciers pourront faire saisir et vendre ces marchandises et se faire payer sur le prix. Ils n'éprouvent ainsi aucun préjudice, peut-être même y trouveront-ils un avantage si le failli a vendu et acheté à de bonnes conditions ; on comprend que la loi ne pouvait obliger les juges consulaires à annuler des actes de ce genre.

II. — Une seconde différence existe entre ces deux catégories de nullités au point de vue de la nature des actes auxquels elles s'appliquent. Les actes qui encourent la nullité de droit sont énumérés limitativement : 1° *Libéralités*. 2° *Paiements de dettes non échues ou même de dettes échues effectués autrement qu'en numéraire ou effets de commerce*; 3° *constitution d'hypothèques, droits de gage ou antichrèse, pour dettes antérieurement contractées*. — Les nullités qui ne sont pas de droit s'appliquent à tous les actes possibles qui ne sont pas compris dans cette catégorie.

III. — La nullité qui n'est pas de droit peut être prononcée seulement contre les actes passés avec le failli depuis la cessation des paiements, mais jamais contre ceux qui ont précédé cette époque. Puisque la loi exige que le tiers qui contracte avec le failli connaisse la cessation des paiements, pour que l'acte qu'ils passent ensemble soit annulable, il faut nécessairement que la cessation des paiements ait eu lieu, car ce n'est qu'alors que le tiers peut la connaître. — Au contraire, nous avons vu que les nullités de droit peuvent atteindre des actes qui ont précédé la cessation des paiements.

IV. — Les nullités qui ont lieu de plein droit s'étendent aux sous-acquéreurs ou cessionnaires de ceux qui ont traité directement avec le failli. La loi applique aux uns et aux autres la même présomption de fraude. — Mais s'il s'agit des nullités qui n'ont pas lieu de plein droit, il faut prouver contre les ayant cause du premier acquéreur qu'ils avaient connaissance de la cessation des paiements du débiteur failli, comme si l'action était dirigée contre le premier acquéreur lui-même. La théorie des nullités qui n'ont pas lieu de plein droit se rapproche devantage de la théorie de l'action Paulienne, et nous savons que celle-ci n'est recevable contre le sous-acquéreur qu'à la condition de prouver qu'il a été le complice du quasi-délit commis par le *defraudator*. La loi établit contre les actes qui sont frappés d'une nullité de plein droit, une présomption de fraude qui atteint tout aussi bien le sous-acquéreur ou le cessionnaire que celui dont ils tiennent leurs droits.

V. — La nullité qui n'est pas de droit est prononcée contre le tiers dont on a mis en évidence la mauvaise foi, en démontrant qu'il connaissait la cessation des paiements lorsqu'il contractait avec le failli. Comme tel, le tiers devra restituer les intérêts et les fruits (suivant qu'il s'agit de sommes d'argent ou de choses frugifères), depuis le jour où l'acte a été passé entre lui et le failli. — Si, au contraire, la nullité qui a été prononcée était de droit, le tiers ne devrait les fruits que du jour de la demande, il y a simplement présomption de fraude de sa part et non fraude réelle. Aussi nous pensons que si les créanciers, non contents de la présomption qu'ils trouvent dans la loi, demandaient à prouver et prouvent effectivement qu'une collusion frauduleuse a véritablement eu lieu entre le failli et le tiers, celui-ci serait considéré comme un possesseur de mauvaise foi et devrait restituer tous les fruits et intérêts qu'il a perçus, et même ceux qu'aurait pu percevoir une personne plus soucieuse de ses intérêts.

VI. — Enfin il existe un lien étroit entre les nullités qui ne sont pas de droit et la théorie de l'action Paulienne de l'article 1167. Les principes du droit civil se séparent au contraire bien davantage des nullités de droit.

Ainsi, les nullités de droit reposent sur une présomption légale de fraude, présomption contre laquelle la preuve contraire n'est point admise. Elle s'impose aux juges et aux parties. Cette présomption ne se rencontre pas en droit civil, les créanciers qui invoqueront l'action révocatoire de l'article 1167 devront : prouver 1° l'intention frauduleuse de la part du débiteur; 2° la complicité du débiteur à la fraude.

S'il s'agit de nullités qui ne sont pas de droit, ces présomptions n'existent plus ; celui qui invoque ces nullités devra prouver la fraude, sans que cependant sa position soit la même que s'il agissait par l'action Paulienne.

Une double preuve est nécessaire si l'on invoque le principe de l'article 1167. — Si, au contraire, c'est au principe de l'article 447 du C. de Comm. que les créanciers confient la sauvegarde de leurs droits, il leur suffira de prouver que le tiers avait connaissance, en traitant avec le failli, de la cessation de ses paiements, sans qu'il soit nécessaire de prouver que le débiteur avait, en contractant ainsi, l'intention de porter atteinte aux droit de ses créanciers.

Voici encore une différence entre les principes de la loi commerciale et ceux de l'action Paulienne. Si on obtient la révocation d'un acte comme frauduleux en s'appuyant sur les principes de l'article 1167, l'annulation ne profitera (du moins dans le système que nous avons adopté) qu'aux créanciers antérieurs à l'acte frauduleux qui ont intenté l'action Paulienne. Seuls en effet ils ont subi un dommage ; la diminution qui vient de frapper le patrimoine du débiteur leur cause un préjudice dont ne peuvent se prévaloir ceux qui ont contracté avec le débiteur une fois cette diminution effectuée. — En matière de faillite on suit d'autres principes. L'annulation obtenue en vertu des articles 446 et 447 du C. de Comm. profite à tous les créanciers C'est là une application de ce principe d'égalité qui forme la base de notre loi concernant les faillites.

Enfin, sur un point particulier, l'action Paulienne diffère des nullités prononcées par le Code de commerce. La loi civile n'atteint jamais un paiement de dettes échues, encore que la déconfiture soit proche et que le créancier connaisse, en recevant son paiement, le mauvais état de fortune de son débiteur. Le créancier ne prend que ce qui lui est dû, il reçoit le prix de sa vigilance. Il en est autrement en matière de faillite : l'article 447 permet d'annuler même les paiements de dettes échues. Le créancier qui a réclamé et reçu ce qui lui était dû, s'il connaissait que le débiteur avait suspendu ses paiements, doit restituer ce qui lui a été payé. La loi ne lui reconnaît point, en effet, la faculté d'user de son droit pour s'attribuer un bénéfice au détriment de la masse des créanciers.

Quels sont donc les actes contre lesquels les juges prononceront ces nullités que le législateur n'a pas voulu prononcer lui-même ? Ce sont d'abord les paiements de dettes échues effectués en argent ou effets de commerce, et, en outre, tous les actes civils et commerciaux autres que ceux qui sont limitativement déterminés par l'article 446. Cette nullité sera prononcée lorsque cette double condition sera remplie : 1° Si ces actes ont été effectués depuis la cessation des paiements ; 2° Si le tiers qui a traité avec le failli connaissait cette suspension.

Il importe d'examiner, en terminant ce paragraphe, une double exception à la règle qui permet d'annuler le paiement des dettes échues.

L'article 449 est ainsi conçu :

« Dans le cas où des lettres de change auraient été payées après l'époque fixée comme étant celle de la cessation des paiements et avant le jugement déclaratif de faillite, l'action en rapport ne pourra être intentée que contre celui pour compte duquel la lettre de change aura été fournie.

« S'il s'agit d'un billet à ordre, l'action ne pourra être exercée que contre le premier endosseur.

« Dans l'un et l'autre cas la preuve que celui à qui on demande le rapport avait connaissance de la cesssation de paiements à l'époque de l'émission du titre, devra être fournie. »

1° Le tiré après la cessation de ses paiements a payé une lettre de change. Le porteur connaissait la cessation des paiements, cependant il sera à l'abri de toute action en rapport. Le législateur, afin de favoriser le crédit et la circulation des effets de commerce, a voulu accroître ici les garanties du porteur. En outre, il nous faut signaler une disposition toute spéciale relative à la lettre de change, qui commandait une semblable exception aux effets ordinaires de la cessation des paiements. L'article 161 du Code de commerce oblige en effet le porteur d'une lettre de change à en réclamer le paiement au jour de l'échéance ; la loi ne pouvait déclarer nul un acte dont elle exige elle-même l'accomplissement de la manière la plus formelle.

Mais remarquons que cette dérogation aux règles ordinaires de la faillite n'est qu'apparente, car le syndic exercera l'action en rapport contre le tireur qui, par l'intermédiaire du tiré, son ayant-cause, a reçu *longa manu* l'argent du tiré, à charge cependant par le syndic, ajoute l'art. 449, de prouver que celui contre lequel l'action en rapport est dirigée (dans l'espèce, le tireur) avait connaissance de la cessation des paiements à l'époque de l'émission du titre.

2° La seconde exception est indiquée par le second paragraphe de l'art. 449. Le porteur d'un billet à ordre ne pourra être poursuivi par l'action en rapport, pas plus que le porteur d'une lettre de change, mais la poursuite sera dirigée contre le premier endosseur, qui joue ici le rôle de tireur.

§ III.

NULLITÉ DES INSCRIPTIONS.

Lorsqu'un débiteur concède à ses créanciers une hypothèque sur ses biens, il faut distinguer deux choses : 1° l'acte constitutif du droit d'hypothèque, 2° l'acte par lequel le créancier porte à la connaissance des tiers le droit réel qu'il a acquis.

Nous avons déjà examiné dans le premier paragraphe quel étoit le sort des hypothèques que le débiteur pouvait avoir consenties, nous allons examiner maintenant quel sera le sort des inscriptions que le créancier peut avoir prises.

« Néanmoins, dit le 2e § de l'article 448, les inscriptions prises après l'époque de la cessation des paiements, ou dans les dix jours qui précèdent, pourront être déclarés nulles, s'il s'est écoulé plus de quinze jours entre la date de l'acte constitutif de l'hypothèque ou du privilége et celle de l'inscription.

Le législateur a pensé que le créancier qui attendait pour incrire son hypothèque un délai plus long, agissait ainsi de concert avec le failli pour donner aux tiers une fausse confiance. Ceux-ci, qui ont mesuré le crédit qu'ils devaient accorder au débiteur à son apparence de solvabilité, ne doivent point subir un préjudice dont la négligence, sinon le dol, d'un créancier hypothécaire, serait la cause.

Cette nullité est facultative pour le juge, elle n'a pas lieu de plein droit. Cependant elle diffère de l'annulabilité de l'article 447 à un double point de vue : 1° Cette nullité frappe l'inscription prise dans les dix jours qui précèdent la cessation des paiements ; 2° étant fondée sur une présomption de négligence coupable de la part du créancier, elle pourra être annulée, alors que le créancier hypothécaire ignorait que son débiteur avait suspendu ses paiements.

Telles sont les dispositions spéciales, au moyen desquelles le Code de commerce protège les droits des créanciers contre les actes que le débiteur passerait en fraude de leurs droits. Ayant jugé insuffisantes les règles de la loi civile, le législateur a, en en matière commerciale, facilité pour les créanciers le mode de l'exercice de l'action révocatoire, soit en établissant dans certains cas déterminés une présomption de fraude, soit en indiquant certains faits qui impliquent *ipso jure* la complicité du tiers à la fraude commise par le *failli*. Ainsi l'exigeaient les besoins du commerce. La célérité et la multiplicité des affaires empêchent les commerçants de recourir à toutes les garanties, hypothèques ou nantissement, qui sont entre les mains des contractants civils. « Enfin, dit M. Capmas (n° 19), le législateur a dû se montrer rigoureux contre tous les actes qui, au moment où la faillite est sur le point d'éclater, n'ont presque toujours d'autre objet que de soustraire, soit au profit du failli, soit au profit de quelques complices intéressés, les biens qui, étant le gage de tous les créanciers, doivent, à moins d'une cause légitime de préférence, être également repartis entre eux. »

PROCÉDURE CIVILE

DES RAPPORTS QUI EXISTENT ENTRE L'ACTION PAULIENNE ET LA TIERCE OPPOSITION.

Un débiteur peut porter atteinte aux droits de ses créanciers, non-seulement en contractant, mais encore en se laissant frauduleusement condamner dans un procès où il se trouve engagé. Les créanciers qui sont restés étrangers à cette instance peuvent invoquer contre ce jugement, le principe de l'article 1167, en prouvant la fraude de leur débiteur et la collusion du tiers, contre lequel il plaidait. Nous disons la collusion du tiers, car un jugement est une transaction, partant un contrat à titre onéreux entre les plaideurs, et nous savons que dans les actes de cette nature, la complicité des tiers doit être prouvée pour donner ouverture à l'action révocatoire.

De quelle manière procèderont les créanciers pour faire révoquer les jugements qui portent atteinte à leurs droits ? Le Code de procédure civile leur accorde une voie de recours toute spéciale contre les actes de cette nature, c'est la *tierce-opposition*; elle leur servira pour arrêter quelquefois, et, dans tous les cas, pour faire rétracter le jugement en ce qui concerne l'exécution de ce jugement qui leur préjudicie (1). La tierce-opposition n'est, en un mot que l'application aux jugements, de l'action révocatoire.

L'utilité de la tierce-opposition est incontestable ; à cause de leur nature particulière, il fallait accorder contre les jugements un mode spécial de révocation. Il est utile pour les créanciers d'obtenir la réparation la plus directe du préjudice qu'ils éprouvent ; une action en dommages et intérêts aurait mal sauvegardé leurs droits, la réparation la plus naturelle consiste dans l'annulation, à leur égard, de l'acte qui tend à les priver de leur gage en diminuant l'actif de leur débiteur. L'action révocatoire annule les contrats, les actes translatifs de propriété ; la tierce-opposition fait considérer comme non avenus à leur égard les jugements où leur débiteur a compromis leurs intérêts en colludant avec ses adversaires.

L'article 873 du Code de procédure civile nous offre un exemple frappant de l'utilité de la tierce-opposition. Une femme intente contre son mari une action en séparation de biens. Le jugement qui interviendra peut, en cas de collusion de la part de la femme et du mari, porter une grave atteinte

(1) Colmet-d'Ange. — Note sur Boitard.

aux droits des créanciers de ce dernier. La loi, pour éviter ce mal, assujettit la demande en réparation à de nombreuses conditions de publicité qui permettent aux créanciers d'intervenir à une instance où leurs intérêts peuvent se trouver compromis. (1) C'est aux créanciers du mari d'user du moyen que la loi leur indique pour sauvegarder leurs intérêts, sinon, ils ne seront plus reçus, après l'expiration d'une année, à se pourvoir par la tierce-opposition, contre le jugement de séparation. Cet article 873 réduit ainsi à une année le délai de la tierce-opposition.

Ce droit qu'ont les créanciers d'attaquer le jugement de séparation de biens, a son fondement dans l'action Paulienne et son mode d'exercice dans la tierce-opposition. La maxime bien connue : *res inter alios acta aliis neque nocere, neque prodesse potest*, eût été insuffisante pour sauvegarder les droits des créanciers. Un semblable moyen de défense ne peut présenter d'utilité qu'à celui qu'on attaque et contre lequel le jugement est directement exécuté. Mais ici ce n'est pas le cas ; l'exécution du jugement a lieu entre les parties de la cause, entre la femme et le mari. « Les parties, notamment la femme qui a obtenu séparation de biens, ne demande rien aux créanciers du mari ; l'exception de la chose jugée est donc pour eux un moyen complètement inutile. C'est par la tierce-opposition seulement qu'ils pourront attaquer et faire retracter ce jugement qui ne leur est pas opposé, mais dont l'exécution porte un préju-

(1) Art. 1445 et s. du C. C.

dice à eux, créanciers, qui n'y ont été ni parties, ni représentés. » (1)

Et nous pouvons généraliser cette hypothèse et dire que la tierce-opposition sera nécessaire toutes les fois qu'un tiers non représenté au procès sera créancier du défendeur qui a succombé en colludant avec son adversaire.

A l'instar de l'action Paulienne, les effets de la tierce-opposition sont purement relatifs. Le jugement attaqué ne sera jamais annulé que vis-à-vis de ceux des créanciers qui ont agi en révocation et dans la mesure de leurs intérêts.

L'article 873 n'accorde aux créanciers pour intenter la tierce-opposition, qu'un délai d'une année. Mais, de l'avis de tous les auteurs, c'est là une disposition exceptionnelle. Aucun texte du code de procédure civile ne fixe la durée de la tierce-opposition. Sa durée devra alors être de trente ans, conformément au droit commun.

(1) Colmet d'Aage sur Boitard.

POSITIONS

DROIT ROMAIN

1 L'action Paulienne était tantôt personnelle et tantôt réelle. Le Digeste parle de l'action personnelle, les Institutes de l'action réelle.

2. Le créancier qui a reçu le paiement d'une dette échue avant l'envoi en possession, n'est point obligé de rapporter à la masse ce qu'il a reçu, quand même le débiteur lui aurait consenti ce paiement avec l'intention de diminuer son patrimoine au préjudice des autres créanciers.

3. L'action Paulienne est le développement de la loi Ælia Sentia.

4. Il y avait une différence entre l'action Paulienne et l'interdit fraudatoire au sujet de la restitution des fruits. A l'action on applique la loi 10, à l'interdit la loi 25 de notre titre.

5. Le délai de l'action Paulienne court à compter de la *venditio bonorum*.

6. L'exécution *manu militari* n'était pas possible sous le régime formulaire.

DROIT CIVIL

1. L'action Paulienne est toujours personnelle.

2. Les créanciers ne peuvent faire révoquer une

donation entre époux qu'en invoquant l'action Paulienne.

3. La révocation d'un acte frauduleux ne profite qu'aux créanciers qui l'ont provoquée.

4. La constitution de dot est toujours à titre gratuit, soit par rapport au mari, soit par rapport à la femme.

5. Les conditions nécessaires à l'exercice de l'action Paulienne doivent se rencontrer dans la personne du sous-acquéreur pour que l'action soit possible contre lui.

6. L'intention frauduleuse *ex parte debitoris,* est une condition essentielle à l'exercice de l'action Paulienne, même contre un acte à titre gratuit.

DROIT COMMERCIAL ET MARITIME

1. L'art. 448 du Code de commerce s'applique au privilége du vendeur auquel il empêche de prendre inscription. Mais celui-ci conserve son action résolutoire.

2. L'endossement est encore possible après l'échéance, mais le nouveau porteur pourra se voir opposer les exceptions que le tiré pouvait opposer à celui qui, au jour de l'échéance, était porteur de la lettre de change.

3. L'écrit qui doit constater le contrat d'assurance maritime est exigé comme moyen de preuve et non comme condition de l'existence du contrat.

DROIT PÉNAL

1. Un tribunal correctionnel ne peut condamner comme banqueroutier un commerçant dont la faillite n'a pas été déclarée par le tribunal de commerce.

2. Un individu acquitté en cour d'assises ne peut plus être poursuivi à raison du même fait qualifié d'une autre manière.

PROCÉDURE CIVILE

1. L'étranger défendeur ne peut invoquer l'exception *judicatum solvi* s'il est poursuivi par un autre étranger.

2. L'appel interjeté contre une décision prononcée, contre un avocat, par le tribunal correctionnel jugeant disciplinairement, n'est pas suspensif d'exécution.

DROIT ADMINISTRATIF

1. L'Etat est véritablement propriétaire du domaine public.

2. Les ministres n'ont pas, en général, le pouvoir de prendre des arrêtés de règlement.

Vu par le président de la thèse,
LÉO SAIGNAT.

Vu par le Doyen de la Faculté de Droit,
A. GOURAUD.

Vu et permis d'imprimer :
Le Recteur,
J.-M. SEGUIN.

TABLE DES MATIÈRES.

DROIT ROMAIN

DROIT CIVIL FRANÇAIS

3 7531 01135624 4

www.ingramcontent.com/pod-product-compliance
Lightning Source LLC
Chambersburg PA
CBHW060550210326
41519CB00014B/3418

* 9 7 8 2 0 1 3 7 4 0 7 9 1 *